DICAS DE *quase* TUDO

Ana Maria Braga

DICAS DE
quase
TUDO

Agir

Copyright © 2011, Ambar Agência de Eventos e Editora Ltda. /Ana Maria Braga

Direitos de edição da obra em língua portuguesa no Brasil adquiridos pela Agir, selo da Editora Nova Fronteira Participações S.A., empresa do Grupo Ediouro Publicações. Todos os direitos reservados. Nenhuma parte desta obra pode ser apropriada e estocada em sistema de banco de dados ou processo similar, em qualquer forma ou meio, seja eletrônico, de fotocópia, gravação etc., sem a permissão do detentor do copirraite.

Editora Nova Fronteira Participações S.A.
Rua Nova Jerusalém, 345 – Bonsucesso – 21042-235
Rio de Janeiro – RJ – Brasil
Tel.: (21) 3882-8200 – Fax: (21) 3882-8212/8313

Texto revisto pelo novo Acordo Ortográfico.

CIP-Brasil. Catalogação na fonte
Sindicato Nacional dos Editores de Livros, RJ

B792d Braga, Ana Maria, 1949-
    Dicas de quase tudo / Ana Maria Braga. - Rio de
    Janeiro : Agir, 2011.

    ISBN 978-85-209-2602-4

    1. Economia doméstica. I. Título.

CDD: 640
CDU: 64

Sumário

Apresentação 9

Parte 1 – Dicas gerais para o dia a dia 13

Celular 14
Por que a bateria do seu celular dura tão pouco? 14
O celular caiu no vaso sanitário. E agora? 14
Dicas para a conservação do celular 15
Sete truques para economizar bateria 16

Carro 18
Como ampliar o alcance do alarme do carro 18
Como saber se o combustível foi adulterado 18
Dicas para economizar combustível 19
Como usar melhor o ar-condicionado 20
Dicas de segurança ao sair de carro 21

Computador/Internet 23
Preciso imprimir um documento importante
e o cartucho da impressora está seco 23
Dicas para garantir sua segurança nas compras pela internet 23
Dicas para navegação segura na internet 24

Cartão de crédito 30
O que fazer quando a máquina não consegue
ler o seu cartão de crédito? 30

Sapatos 31
Como evitar cheiro desagradável nos calçados 31
Como não errar na hora de comprar sapatos 31
Como ter sapatos sempre bonitos 32

Limpeza 34
Panelas queimadas 34

Objetos de aço inox 35
Limpeza de rotina 35
Sujeira moderada/ Manchas leves 35
Panela 36
Cafeteira 36
Queimado 36
Sujeira intensa/ Manchas acentuadas 36
Manchas de ferrugem 37
Pias 37
Máquina de lavar 38
Aspirador de pó 38
Tapetes 38
Evite que a casa fique cheirando a fritura 38
Como retirar a umidade de seus armários 39
Para clarear banheiras 39
Para afugentar mosquitos 39
Para evitar baratas e pulgas 39
Como eliminar o cheiro desagradável da geladeira 39

Roupas 40
Dicas para lavar 40
Dicas para deixar o pano de prato bem branco 40
Dica para tirar manchas de suor da roupa 41
Dicas para secar 41
Dicas para passar 41
Dicas especiais para lavar e passar camisas 42
Ao passar camisas, comece pelo 43

Manchas 44
Dicas especiais para remover manchas 44

Beleza 46
Como prolongar o efeito da escova progressiva 46
Como neutralizar, na boca, o cheiro de alho ou de cebola 47
Como se vestir no trabalho 47
Como conservar seus produtos de beleza 48

Economia e preservação 49
Dicas para economizar e, ao mesmo tempo, contribuir
para a preservação do planeta 49

Papel 54
Plástico 54
Metal 54
Vidro 54

Parte II – Dicas de culinária 57

Atenção na hora de comprar os alimentos 58
Cuidados ao comprar carne 59
Para evitar o desperdício 60
Cascas, folhas e talos também devem fazer parte do cardápio 61
Procedimentos de higienização 61
Como higienizar frutas, verduras e legumes 61
Creme de leite 62
Doces 62
Banana 63
Bolos 63
Legumes e vegetais 65
Leite 66
Maionese 66
Massas 67
Molhos 69
Ovos 70
Pães 70
Peixes 71
Polenta 71
Queijos 73
Temperos 74
Arroz 75
Aves 76
Azeite 78
Carnes 79
Feijoada 82
Forno 83
Frituras 83

Parte III – Dicas para viver mais feliz 85

Pense positivo 86
Reclame menos, agradeça mais 86
Respire fundo 87
Escreva, planeje, se organize 87
Tire um tempo para você 88
Mexa-se! 88
Leia um livro 89
Ouça música 89
Aprenda a dizer "não" 89
Mas também diga "sim" 90
Mude! 90
Sorria 91

Referências consultadas 93

Apresentação

Como faço um programa ao vivo e diário para milhões de brasileiros, muitas pessoas, de diversas partes do país, me mandam dicas. Seja por e-mail, telefone e até quando me encontram na rua, elas gostam de mostrar como fazem para facilitar o dia a dia delas — e, sempre que tenho oportunidade, passo adiante essas dicas.

Sei que a vida moderna é corrida para todo mundo. São milhares de coisas para se fazer num espaço de tempo muito curto. Às vezes a gente até sonha com umas horinhas a mais no dia pra dar conta do recado. E quem, assim como eu, não para um minuto não pode abrir mão de certos truques.

A mulher que acabou de se casar, o rapaz que mora sozinho, a dona de casa com mais de vinte anos de experiência... até aqueles que contam com a ajuda de uma secretária devem saber o que pode descomplicar o cotidiano.

Neste livro, reuni dicas que podem tirar você do sufoco e vão tornar sua rotina mais fácil, produtiva e econômica.

São dicas de quase tudo. Das mais tradicionais às mais modernas. Muitas surgiram para ajudar a solucionar novos problemas do nosso dia a dia: problemas de segurança, problemas  com os acessórios eletrônicos e problemas que o planeta tem enfrentado em decorrência do uso indevido dos recursos naturais ao longo de tantos anos. E muita gente não sabe, mas cada um de nós, com pequenas mudanças de atitude, pode contribuir para a preservação do planeta.

Com tantas preocupações na vida, muitas vezes nos esquecemos de olhar para nós mesmos e não sabemos por que, às vezes, ficamos mais tristes ou desanimados. Ao final do livro, dediquei uma parte especial a dicas simples para você não perder a vontade de correr atrás dos seus objetivos e ser feliz.

Então, vamos às dicas. Elas podem fazer uma grande diferença. Só depende de você. Quer ver só?

Parte I

Dicas gerais para o dia a dia

Nesta parte, reuni as mais diversas dicas para ajudar no dia a dia da mulher moderna que lava, passa, cozinha e também está antenada com as novidades tecnológicas e preocupada com o planeta — sem se descuidar da própria beleza e saúde, é claro!

Por que a bateria do seu celular dura tão pouco?

A bateria do meu celular vivia descarregando rápido demais. Aí fui pesquisar como fazer para que ela durasse mais. Sabe o que descobri? Que quando o celular fica no bolso, parte do problema pode ser que o lugar é quente demais. Acredita nisso? O calor de 37 °C do corpo humano, transmitido no bolso de tecido para um celular dentro dele, é suficiente para acelerar os processos químicos na bateria do telefone. Parece complicado, mas isso faz com que ela se esgote mais rapidamente. Para manter o telefone mais frio, leve-o em sua bolsa ou no cinto.

O celular caiu no vaso sanitário. E agora?

Isso acontece nas melhores famílias... celular caindo no vaso sanitário. Que situação... Quando acontecer com você, remova a bateria imediatamente, para evitar que curtos-circuitos fritem os frágeis componentes internos de seu aparelho. Então, limpe o telefone com uma toalha e enterre-o num pote cheio de arroz cru. Assim como você coloca alguns grãos de arroz no saleiro para manter o sal seco, a presença do arroz funcionará da mesma forma nesse caso. O arroz tem uma grande afinidade química com a água – isso significa que as moléculas do arroz possuem uma atração quase magnética por moléculas de água, que serão sugadas pelo grão em vez de continuar dentro de seu telefone.

Trata-se de uma versão de baixa tecnologia dos pacotes dissecantes (aqueles pacotinhos que algumas vezes vêm na caixa do próprio telefone) para manter a umidade longe dos circuitos durante o envio e a armazenagem dos aparelhos.

Dicas para a conservação do celular

Você sabia que, conservando seu aparelho celular, contribui para a preservação do meio ambiente? Cada vez que você troca de aparelho, está incentivando a produção de mais celulares. E o descarte de celulares, baterias velhas, carcaças, antenas e outros acessórios produz lixo tóxico que prejudica o planeta. Esses produtos não devem ser descartados em lixo comum, porque em sua composição há substâncias tóxicas como mercúrio, chumbo e cádmio, que agridem o meio ambiente e prejudicam a saúde. Quando realmente precisar descartá-los, procure um posto de coleta específico, nas lojas onde foi adquirido o aparelho ou no site do fabricante. Essa coleta especial se encarrega do correto descarte e da reciclagem do aparelho ou acessório.

▶ Evite deixar que a carga descarregue por completo ou até mesmo que o aparelho fique sem carga por inúmeros dias, pois isso poderá resultar em uma diminuição de carga. Evite também carregar a bateria sem necessidade, senão ela ficará "viciada" em carga e acabará mais rápido do que você imagina.

▶ Não pressione com força as teclas de seu aparelho celular e evite grandes impactos.

▶ O celular foi feito para suportar pequenos impactos, mas uma batida mais forte, ou a queda do aparelho, podem danificar a carcaça, a bateria ou romper circuitos internos. Por isso, evite transportá-lo na mão, em que as chances de queda são maiores, além de o calor e o suor da mão aquecerem o aparelho.

▶ Evite deixar o celular em contato direto com outros objetos na bolsa ou no bolso.

▶ Objetos como chaves e canetas podem arranhar a tela do aparelho e, em caso de forte atrito, até trincar a tela.

▶ Evite deixar o celular em ambientes quentes, porque assim se acelera o processo de descarga da bateria, ou seja, a bateria se esgotará mais rapidamente.

▶ Evite levar seu celular a locais como banheiros e praias, pois a água é o principal inimigo dos componentes eletrônicos. Caso o aparelho caia na água, veja como proceder consultando o tópico "O celular caiu no vaso sanitário? E agora?".

Sete truques para economizar bateria

Conhecem a Lei de Murphy? Pois é, toda vez que preciso receber uma ligação urgente, a bateria do celular está quase acabando... Aí corri atrás de algumas medidas para garantir a energia necessária para conseguir receber a tal ligação.

1 Reduza o brilho do visor de cristal líquido. Algo como 40% ou 50% do brilho total é suficiente para economizar um pouco da bateria sem que a leitura das informações na tela seja comprometida.

2 Reduza o tempo de duração da iluminação do fundo durante as conversas e estabeleça um período de tempo menor para que o aparelho seja desativado quando não estiver em uso.

3 Se você quer trabalhar em um arquivo ou organizar a agenda, mas não precisa falar ao telefone, use o modo voo ou modo avião, disponível na maioria dos aparelhos. Esse recurso desliga a antena do dispositivo, mas mantém as outras funções disponíveis.

4 O toque do telefone, o alerta de compromissos e de recebimento de novas mensagens bastam. Desabilite a emissão de sons para outros eventos, como ações de alguns programas.

5 Desabilite as conexões Bluetooth, Wi-Fi e infravermelho quando esses recursos de comunicação de dados não estiverem em uso.

6 Navegar na internet, tirar fotos e ouvir música no celular é muito interessante, mas são hábitos que gastam muita bateria. Jogos também são consumidores vorazes de energia.

7 Ative a proteção do teclado quando colocar o telefone no bolso ou na bolsa, no caso de aparelhos sensíveis ao toque ou que possuem teclado exposto. Além de evitar o acionamento da iluminação da tela – e, consequentemente, o consumo de bateria –, o recurso impede que o aparelho faça chamadas acidentalmente e que a conta o surpreenda no fim do mês. Aí, já viu, né?

CARRO
Combustível está cada vez mais caro.

Como ampliar o alcance do alarme do carro

Suponha que o alarme para abertura de seu carro não chegue até o veículo que está do outro lado do estacionamento. Posicione o sensor de alarme apontando para a parte inferior do queixo, abra a boca em direção ao carro e aperte o botão do alarme para destravar. A passagem do sinal pela boca amplifica o alcance do alarme. Parece coisa de louco? Mas funciona!

Como saber se o combustível foi adulterado

Já passei por essa situação, e foi bem desagradável! Por isso, vale ficar atento a esses sinais que indicam que o combustível pode ter sido adulterado:

▶ o consumo aumenta sem motivos;

▶ o desempenho piora, principalmente em subidas;

▶ torna-se difícil dar a partida pela manhã;

▶ o carro morre no sinal de trânsito ou em pequenas paradas;

▶ o carro começa a bater pino (combustão ocorre em momento errado).

Dicas para economizar combustível

Combustível está cada vez mais caro. O ideal para que seu carro gaste menos é lançar mão de alguns truques bem bacanas que alguns amigos meus me passaram.

▶ A primeira dica é deixar a manutenção do veículo em dia, para gastar menos. Por exemplo, manter os pneus calibrados de acordo com as recomendações do fabricante, as rodas alinhadas e balanceadas e o motor em boas condições. Velas desgastadas ou desajustadas, bicos injetores e filtros de ar sujos aumentam o consumo.

▶ Quando for abastecer, procure postos confiáveis, de marcas conhecidas.

▶ Outro vilão do desperdício é o congestionamento. Mudar de horários, se possível, e procurar rotas alternativas pode colaborar. Procure estudar o trajeto antes de sair de casa.

▶ Acelerar menos. Os apressadinhos gastam mais. O arranque e a retomada de velocidade fazem o veículo consumir combustível. Portanto, manter a velocidade em um ritmo constante reduz o consumo.

▶ Frear com antecedência em sinais de trânsito, quebra-molas e pedágios. A diferença de consumo entre uma direção suave e uma mais agressiva pode reduzir o gasto em mais de 50%. Tirar o pé do acelerador na estrada também faz diferença.

▶ Não desligue o motor em paradas rápidas, como em congestionamentos ou sinais de trânsito. O consumo, nesse momento, é pequeno – de um a dois litros por hora. Para dar a partida, o carro acaba gastando mais. Desligue o veículo somente se a parada exceder três minutos.

▶ Não é novidade dizer que o ar-condicionado é péssimo para a economia. Então, procure usá-lo de maneira inteligente, rodando inicialmente com os vidros abertos até que o calor acumulado no interior do veículo que estava fechado se disperse. A seguir, mais dicas de como usar melhor esse equipamento.

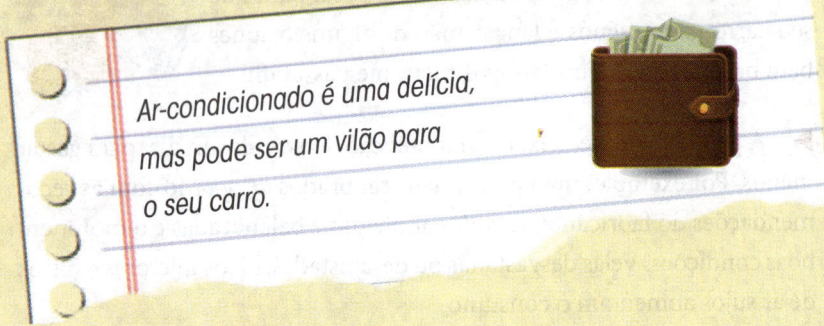

Ar-condicionado é uma delícia, mas pode ser um vilão para o seu carro.

Como usar melhor o ar-condicionado

Ar-condicionado é uma delícia, mas pode ser um vilão para o seu carro, se não for usado adequadamente. Veja só algumas dicas para usá-lo de maneira adequada:

▶ Se o seu equipamento tiver um termostato, você deve usá-lo na posição máxima, quando estiver na cidade, e um terço a menos, em estradas. Mas, se o ar-condicionado for automático, você não precisa se preocupar. A ventilação ideal é a média, que conserva uma refrigeração mais eficiente.

▶ Durante o inverno ou nos períodos em que o aparelho não seja usado por muito tempo, deve-se ligá-lo algumas vezes durante a semana, a fim de evitar danos no compressor, principalmente no selo de vedação do eixo, com consequente escape do gás refrigerante.

▶ Após estacionar o carro por muito tempo sob o sol forte, ligue o ar-condicionado e ande por alguns minutos com as janelas abertas permitindo a expulsão do ar excessivamente quente, mais rapidamente. Logo depois, feche as janelas, nunca deixando a menor entrada de ar externo, a fim de obter um melhor aproveitamento da refrigeração.

▶ Em dias de chuva, o aparelho de ar-condicionado funciona também como desembaçador dos vidros, além de manter uma temperatura interna constante, a gosto do usuário.

▶ Tome como hábito fazer uma revisão geral em seu ar-condicionado, pelo menos uma vez ao ano, pois ele foi fabricado para durar muito tempo e lhe proporcionar conforto e satisfação.

Dicas de segurança ao sair de carro

É sempre bom estar alerta nos dias de hoje para garantir sua segurança no trânsito e fora dele. Por isso, reuni algumas dicas importantes para que todos tomem cuidado:

▶ Fique sempre atento ao que acontece ao seu redor. Distrações com música e celular só atrapalham nesse momento.

▶ Se possível, instale alarmes, bloqueadores, rastreadores, película protetora nos vidros (verificando o índice de transparência exigido pela legislação) e até blindagem no seu automóvel.

▶ Dirija sempre com os vidros do carro fechados e as portas travadas.

▶ Estacione em lugares movimentados e com boa iluminação.

▶ Não deixe pacotes, bolsas, pastas, casacos e compras à mostra.

▶ Esconda talões de cheques, cartões e qualquer coisa de valor ao estacionar o carro.

▶ Não pare o carro, à noite, em caso de pequenas batidas na parte traseira. Pode ser um assalto.

▶ Ao parar em congestionamentos ou sinais de trânsito, fique atento à aproximação de pessoas, não abra o vidro do carro e evite falar ao celular.

▶ Busque um bom posicionamento para se antecipar, evitar e até sair do local caso veja algum suspeito.

▶ Não deixe cópias das suas chaves no carro.

▶ Deixe o carro em estacionamentos de sua confiança.

▶ Não pare para ajudar pessoas com pneus furados ou carros quebrados em lugares escuros e com pouco movimento, pois pode ser uma armadilha.

▶ Se o seu carro for atingido por pedras, não pare. Pode ser um assalto.

▶ Nunca dê carona a desconhecidos.

▶ Não aceite serviços de socorro mecânico não solicitados ou de estranhos.

▶ Nunca deixe crianças ou bebês sozinhos no carro.

▶ Não fique dentro do carro estacionado em via pública, tornando-se um alvo fácil de ladrões.

▶ Calcule a distância e diminua a velocidade para fugir dos semáforos fechados à noite.

▶ Mantenha distância do veículo da frente para ter chance de manobra.

▶ Evite parar nas pistas da esquerda. Prefira as filas do meio e não seja o primeiro.

▶ Evite fazer sempre o mesmo caminho, para que sua rotina não se torne conhecida.

COMPUTADOR INTERNET

Preciso imprimir um documento importante e o cartucho da impressora está seco

É sempre assim: é só chegar a hora de imprimir um documento importante que a tinta da impressora acaba de repente. Se isso acontecer com você, remova o cartucho e passe um secador de cabelo sobre ele por dois ou três minutos. Então coloque o cartucho de volta e tente imprimir de novo, enquanto ele ainda está morno.

O ar quente do secador aquece a tinta endurecida e faz com que ela flua através dos pequenos bocais do cartucho. Quando o cartucho está acabando, os bocais muitas vezes ficam praticamente entupidos com tinta seca, então ajudar a tinta a fluir fará com que ela saia. O truque do secador de cabelo pode conseguir algumas páginas a mais de um cartucho, em caso de emergência, depois que a impressora informou que ele está vazio.

Dicas para garantir sua segurança nas compras pela internet

▶ Busque informações sobre o site, verificando se há reclamações e, ainda, coletando referências com amigos ou familiares.

▶ Verifique o endereço físico do fornecedor e se existe algum telefone ou e-mail para esclarecimento de eventuais dúvidas.

▶ Verifique os procedimentos para reclamação, devolução do produto, prazo para entrega, defeitos de fabricação etc.

▶ Verifique as medidas que o site adota para garantir a privacidade e a segurança dos usuários.

▶ Não forneça informações pessoais desnecessárias para a realização da compra.

▶ Guarde todos os dados da compra, como nome do site, itens adquiridos, valor pago e forma de pagamento, número de protocolo da compra ou do pedido etc.

▶ Guarde, em meio eletrônico ou mesmo impresso, a confirmação do pedido e e-mails trocados com o fornecedor que comprovem a compra e suas condições.

▶ Verifique se há despesas com fretes e taxas adicionais, bem como o prazo de entrega da mercadoria ou execução do serviço.

Dicas para navegação segura na internet

1. NÃO SE ESQUEÇA DE CLICAR "LOGOUT", "SAIR" OU EQUIVALENTE

Ao terminar de acessar seu *webmail*, sua conta em um site de comércio eletrônico, sua página no Orkut, seu *home banking* ou qualquer outro serviço que exija que você forneça um nome de usuário e uma senha para uso, clique em um botão/link de nome "Logout", "Logoff", "Sair", "Desconectar", ou equivalente, para sair do site. Pode parecer óbvio, mas muita gente simplesmente sai do site fechando a janela do navegador de internet ou entrando em outro endereço. Isso é arriscado, pois o site não recebeu a instrução de encerrar seu acesso naquele momento, e alguém mal-intencionado pode abrir o navegador de internet e acessar as informações de sua conta, caso não tenha sido devidamente fechada.

2. CRIE SENHAS DIFÍCEIS DE SEREM DESCOBERTAS

Não utilize senhas óbvias, como nomes de parentes, data de aniversário, placa do carro, número de telefone etc. Dê preferência a sequências que misturem letras e números. Além disso, não use como senha uma combinação que tenha menos do que seis caracteres. O mais importante: não guarde suas senhas em arquivos do Word ou de qualquer outro programa. Se necessitar guardar uma senha em papel (em casos extremos), destrua-o assim que decorar a sequência. Além disso, evite usar a mesma senha para vários serviços.

3. MUDE SUA SENHA PERIODICAMENTE

Além de criar senhas difíceis de serem descobertas, é essencial mudá-las periodicamente, a cada três meses, pelo menos. Isso porque, se alguém conseguir descobrir a senha do seu e-mail, por exemplo, poderá acessar as suas mensagens sem que você saiba, apenas para espioná-lo. Ao alterar sua senha, o tal espião não vai mais conseguir acessar suas informações.

4. USE NAVEGADORES DIFERENTES

Se você é usuário do sistema operacional Windows, talvez tenha o hábito de utilizar apenas o navegador Internet Explorer. O problema é que existe uma infinidade de pragas digitais (*spywares*, vírus etc.) que exploram falhas desse navegador. Por isso, uma dica importante é usar também navegadores de outras empresas, como o Opera e o Firefox; pois, embora também sejam explorados por vírus, isso ocorre com menos frequência. Se ainda assim você preferir utilizar o Internet Explorer, use um navegador alternativo nos sites que você considerar suspeitos (páginas que abrem muitas janelas, por exemplo).

5. CUIDADO COM DOWNLOADS

Se você usa programas de compartilhamento de arquivos, como eMule, ou costuma obter arquivos de sites especializados em downloads, fique atento ao que baixar. Ao término do download, verifique se o arquivo não apresenta nada de estranho, por exemplo, mais de uma extensão (como cazuza.mp3.exe), tamanho muito pequeno ou informações de descrição suspeitas, pois muitos vírus se passam por arquivos de áudio e vídeo para enganar o usuário. Além disso, sempre examine, com um antivírus, o arquivo baixado.

Tome ainda cuidado com sites que solicitem que você instale programas para continuar a navegar ou para usufruir de algum serviço. Desconfie, também, de ofertas de programas milagrosos, capazes de dobrar a velocidade de seu computador ou melhorar sua performance, por exemplo.

6. FIQUE ATENTO AO USAR WINDOWS LIVE MESSENGER, GOOGLE TALK, AIM, YAHOO! MESSENGER, ENTRE OUTROS

É comum encontrar vírus que exploram serviços de mensagens instantâneas, como o Windows Live Messenger (antigo MSN Messenger), AOL Instant Messenger (AIM), Yahoo! Messenger. Esses vírus são capazes de, durante uma conversa com um contato, emitir mensagens automáticas que contêm links para vírus ou outros programas maliciosos. Nessa situação, é natural que a parte que recebeu a mensagem pense que seu contato foi que a enviou, e, ingenuamente, clique no link.

Mesmo durante uma conversa, se você receber um link que não estava esperando, pergunte ao contato se, de fato, o enviou. Se ele negar, não clique nesse link e avise-o de que o computador dele pode estar com vírus.

7. CUIDADO COM E-MAILS FALSOS

Você já recebeu um e-mail dizendo que tem uma dívida com uma empresa de telefonia ou afirmando que um de seus documentos está ilegal? Ou, ainda, na mensagem oferecem-se prêmios ou cartões virtuais de amor? Ou uma intimação para uma audiência judicial? É provável que se trate de um spam, ou seja, um e-mail falso. Se a mensagem contiver erros ortográficos e gramaticais, se fizer ofertas tentadoras ou contiver um link diferente do indicado (para verificar o link verdadeiro, basta passar o mouse por cima dele, mas sem clicar), desconfie imediatamente. Na dúvida, entre em contato com a empresa cujo nome está envolvido no e-mail.

8. EVITE SITES DE CONTEÚDO DUVIDOSO

Muitos sites contêm em suas páginas *scripts* capazes de explorar falhas do navegador de internet, principalmente do Internet Explorer. Por isso, evite navegar em sites pornográficos, de conteúdo *hacker* ou duvidoso.

9. CUIDADO COM ANEXOS DE E-MAIL

Essa é uma das instruções mais antigas, mesmo assim o e-mail ainda é uma das principais formas de disseminação de vírus. Tome cuidado ao receber mensagens que peçam para você abrir o arquivo anexo, principalmente se o e-mail veio de alguém que você não conheça. Para aumentar sua segurança, cheque o arquivo anexo com um antivírus, mesmo quando estiver esperando recebê-lo.

10. ATUALIZE SEU ANTIVÍRUS E SEU ANTISPYWARE

Muita gente pensa que basta instalar um antivírus para o computador estar protegido, mas não é bem assim. É necessário atualizá-lo regularmente; do contrário, o antivírus não saberá da existência de vírus novos. Praticamente todos os antivírus disponíveis permitem configurar uma atualização automática. Além disso, use um antispyware com frequência para tirar arquivos e programas maliciosos do computador. Uma boa opção é o Spybot. Assim como o antivírus, o antispyware também deve ser atualizado para que conheça pragas novas.

Em ambos os casos, verifique no manual do software ou no site do desenvolvedor como realizar as atualizações.

11. CUIDADO AO USAR SITES DE BANCOS

Ao acessar a conta bancária pela internet, também tenha cuidado. Evite fazê-lo em computadores públicos, verifique sempre se o endereço do link é mesmo o do serviço bancário e siga todas as normas de segurança recomendadas pelo banco.

12. ATUALIZE SEU SISTEMA OPERACIONAL

O Windows é o sistema operacional mais usado no mundo, e, quando uma falha de segurança é descoberta nele, uma série de pragas digitais são desenvolvidas para explorá-la. Por isso, clique em Iniciar, Todos os programas, Windows Update e siga as orientações no site que abrir para atualizar seu sistema operacional. Fazer isso uma vez ao mês é suficiente para manter seu sistema operacional atualizado.

Se você for usuário de outro sistema operacional, como o Mac OS ou alguma distribuição Linux, saiba que essa dica também é válida. Falhas de segurança existem em qualquer sistema operacional, por isso é importante aplicar as atualizações disponibilizadas pelo desenvolvedor.

13. ATUALIZE TAMBÉM OS SEUS PROGRAMAS

É importante manter seus programas atualizados. Muita gente pensa que as versões novas apenas adicionam recursos, mas a verdade é que elas contam também com correções para falhas de segurança. Por isso, sempre utilize a última versão dos seus programas, especialmente os que acessam a internet (navegadores de internet, clientes de e-mail etc.). Muitos aplicativos contam com uma funcionalidade que atualiza o programa automaticamente ou avisa do lançamento de novas versões. É um bom hábito deixar esse recurso ativado.

14. NÃO REVELE INFORMAÇÕES IMPORTANTES SOBRE VOCÊ

Em serviços de bate-papo (chats), sites de relacionamento, em fotologs ou em qualquer serviço onde um desconhecido possa acessar suas informações, evite dar detalhes da escola ou da faculdade em que você estuda, do lugar onde você trabalha e principalmente de onde mora.

Evite também disponibilizar dados ou fotos que forneçam qualquer detalhe relevante sobre você – por exemplo, fotos em que apareça a fachada da sua casa ou a placa do seu carro. Nunca divulgue seu número de telefone por esses meios, tampouco informe o local em que estará nas próximas horas ou um lugar que você frequente com regularidade. Caso esses dados sejam direcionados aos seus amigos, avise-os de maneira particular, pois toda e qualquer informação relevante sobre você pode ser usada indevidamente por pessoas mal-intencionadas.

15. CUIDADO AO FAZER CADASTROS

Muitos sites exigem que você faça cadastro para usufruir de seus serviços, mas isso pode ser uma cilada. Por exemplo, se um site pede o número do seu cartão de crédito sem ao menos ser uma página de vendas, as chances de ser um golpe são grandes. Além disso, suas informações podem ser passadas a empresas que vendem assinaturas de revistas ou produtos por telefone. Ou, ainda, seu e-mail pode ser inserido em listas de spam.

Por isso, antes de se cadastrar em sites, faça uma pesquisa na internet para verificar se aquele endereço tem registro de alguma atividade ilegal. Avalie também se você tem mesmo necessidade de usar os serviços oferecidos pelo site.

O que fazer quando a máquina não consegue ler o seu cartão de crédito?

Ao fazer uma compra, não é muito desagradável ouvir o caixa dizer que a máquina não consegue ler o seu cartão de crédito? Pois é, já passei por isso e consegui uma solução bastante simples: pedi para o atendente envolver o cartão em um saco plástico e tentar passar novamente. Não é que deu certo?

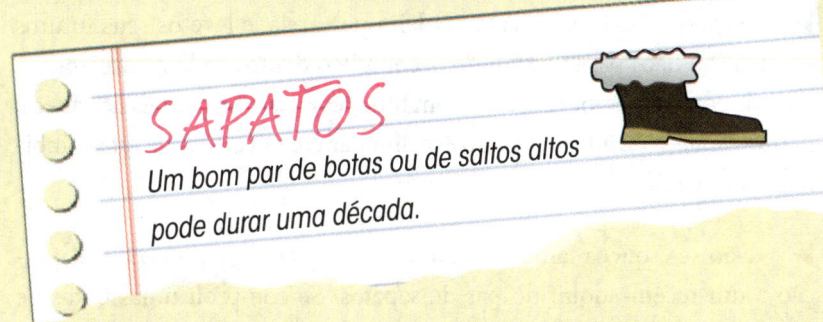

SAPATOS
Um bom par de botas ou de saltos altos pode durar uma década.

Como evitar cheiro desagradável nos calçados

Esse problema é muito constrangedor: tirar o sapato e perceber que um cheiro desagradável invadiu todo o quarto! Para não ter esse problema, coloque jornal amassado dentro dos sapatos. O jornal vai absorver o excesso de umidade e impedir que eles fiquem com cheiro ruim. Também é interessante usar regularmente desodorante próprio para calçados ou pó antisséptico nos pés.

Como não errar na hora de comprar sapatos

▶ Inspecione os sapatos... literalmente! Olhe minuciosamente para se assegurar de que a sola interior é macia e forrada, ou seja, sem costuras ou cantos ásperos. Se for um sapato de cordão, deve ter uma lingueta bem almofadada para, quando apertar os cordões, não sentir os apertos no pé!

▶ Veja se as costuras estão alinhadas uniformemente e, principalmente, se ele é bem-acabado ou parece que vai começar a descolar no primeiro dia de uso.

▶ Experimente sempre os dois pés do sapato quando estiver escolhendo. Sabia que a melhor hora do dia para comprar calçados é no final da tarde, quando os pés já incharam tudo o que tinham para inchar? A vantagem? Um melhor ajuste entre pé e sapato. E lembre-se de sempre levar suas próprias meias.

▶ Faça da sapataria uma verdadeira passarela, e leve os seus futuros sapatos (ou não) para um *test drive* completo dentro da loja, avaliando o grau de conforto, apoio e estilo. Com todas essas preocupações na cabeça, não se esqueça de admirá-los ao espelho para ter a certeza de que combinam com você!

▶ Não se esqueça também de que há sempre um período de adaptação a um recém-adquirido par de sapatos. Se comprou umas botas de pele que lhe parecem muito rígidas, experimente amaciá-las com um bocadinho de creme hidratante espalhado no seu interior. Se forem saltos altos ou sandálias para uma festa ou cerimônia especial, use-os em casa alguns minutos, todos os dias, antes do evento.

▶ A qualidade se paga e, no caso dos sapatos, a qualidade compensa! Um bom par de botas ou de saltos altos pode durar uma década... se forem bem-tratados e enviados periodicamente para um sapateiro de confiança.

Como ter sapatos sempre bonitos

Sou apaixonada por sapatos. E, por isso, quero tê-los sempre intactos. Para que isso seja possível, reuni algumas dicas que podem ajudar:

▶ O calçado não deve ser usado por mais de dois dias seguidos. Após o uso, faça uma higienização rápida, tirando o excesso de sujeira com uma esponja macia e um pano de algodão. Deixe-o secar à sombra por um dia em lugar fresco e ventilado, evitando assim que o excesso de suor reduza a durabilidade do couro e, consequentemente, sua vida útil. Se o sapato estiver muito sujo, faça uma lavagem a seco. Não coloque os calçados na máquina de lavar nem em água corrente, pois o excesso de água pode danificar a cor e o material.

▶ O uso de produtos químicos abrasivos para limpar sapatos de couro pode provocar manchas e possíveis danos ao solado. Na limpeza, use uma escova macia umedecida ou pano limpo e úmido com sabão neutro, deixando-o secar à sombra por dois dias, evitando também lugares de altas temperaturas ou de grande umidade.

▶ Para remover a poeira e as manchas dos calçados de verniz, de material sintético ou de couro, use um pano úmido ou limpe levemente com uma escova. Se precisar, com um pano ou escova macia, aplique graxa de sapato específica para o tipo de material e dê polimento com movimentos rápidos.

▶ Para retirar manchas leves dos calçados de camurça, utilize escovas de cerdas duras. Já as manchas mais difíceis, de óleo e graxa, por exemplo, devem ser removidas com um pouco de produto de limpeza à base de solvente. Usar lixas, pedras-pomes ou borrachas-crepes também traz bons resultados, mas é preciso tomar cuidado para não criar espaços na camurça. Para uniformizar a cor dos sapatos de camurça, utilize um produto específico para esse tipo de material.

▶ Caso queira retirar o excesso de umidade, encha os calçados com jornal ou papel absorvente. Não é aconselhável colocá-los ao sol, pois isso pode descolar a sola, deformar, amolecer ou encolher os calçados ou ainda provocar o endurecimento do material, principalmente se forem de couro.

▶ Jamais faça uma secagem forçada do calçado, como colocá-lo no forno ou deixá-lo atrás da geladeira, pois ele sofrerá danos no couro e em sua estrutura.

▶ Para manter a forma dos calçados, preencha toda a parte interna com papel amassado e guarde-os em caixas ou sacos de tecido, que permitem a circulação do ar. Sapatos de couro devem ser hidratados a cada seis meses com produtos específicos.

LIMPEZA

Panelas queimadas

Tem gente que não gosta nem de chegar perto da pia quando tem panela para lavar. Se você é uma dessas pessoas, veja só as dicas que guardei para ajudar na limpeza tão difícil das panelas – que geralmente é a pior parte da lavagem de louças!

▶ Para tirar o queimado, deixe de molho por algumas horas um pouco de água misturada com bicarbonato de sódio. Depois, é só lavar normalmente.

▶ Os resíduos de alimentos cozidos que ficam grudados no fundo da panela sairão com facilidade se você colocar quatro colheres de sopa de sal e um pouco de água e deixar ferver durante 15 minutos.

▶ Para tirar a marca avermelhada que fica na panela de pressão quando você cozinha feijão, lave a panela e coloque-a sobre o fogo para secar. Quando a panela estiver bem quente, jogue água e esfregue com palha de aço.

▶ Para tirar manchas amarelas da panela depois de uma fritura, ensaboe bem a parte amarelada e deixe esquentar. Depois, passe uma palha de aço enquanto a panela estiver quente.

Para tirar manchas de panela ou frigideira de alumínio, coloque água e pedaços de maçã, deixe ferver durante alguns minutos. Em seguida, lave normalmente. As manchas sairão facilmente.

Objetos de aço inox

Nunca use esponja de aço comum para limpar inox. Ela arranha as partes polidas e deixa minúsculas partículas que podem vir a provocar manchas.

Limpeza de rotina

Os melhores produtos para conservar o aço inox são a água, o sabão, os detergentes suaves e neutros e os removedores à base de amônia, diluídos em água morna, aplicados com um pano macio ou esponja de náilon. Depois, basta enxaguar e secar com um pano macio. A secagem é extremamente importante para evitar o aparecimento de manchas. Utensílios de aço inox também podem ser lavados em lava-louça. A pré-lavagem só é aconselhada em casos de sujeira muito aderente. A limpeza rotineira remove facilmente as sujeiras mais comuns.

Sujeira moderada / Manchas leves

No caso de sujeira moderada, quando a limpeza de rotina não for suficiente, aplique uma mistura feita com gesso ou bicarbonato de sódio, dissolvidos em álcool de uso doméstico, até formar uma pasta, usando um pano macio ou uma bucha de náilon para passar na superfície do objeto de aço inox. Se preferir, use também uma escova de cerdas macias, tomando cuidado para não esfregar. Faça-o sempre da maneira mais suave possível, utilizando passadas longas e uniformes, no sentido do acabamento polido, se houver. Evite esfregar com movimentos circulares. Depois, enxágue com bastante água, de preferência morna, e seque com pano macio.

Panela

Pela sua capacidade de reter calor, o aço inox facilita o desempenho do forno, economizando energia. Mas lembre-se: o aço inox que vai ao forno deve estar sempre untado. Para lavar, água morna e detergente caseiro.

Cafeteira

Para deixar sua cafeteira ainda mais bonita, adicione duas colheres de sopa de bicarbonato de sódio a um volume de água equivalente à sua capacidade, deixe ferver durante 10 a 15 minutos numa vasilha e então despeje a solução sobre a cafeteira. Em seguida, enxágue e seque com pano macio.

Queimado

Para eliminar resíduos de alimentos queimados ou gorduras, deixe o utensílio de molho em água morna com um pouco de detergente. Depois lave também com água morna usando sabão e esponja de náilon. Esfregue na direção do polimento.

Sujeira intensa / Manchas acentuadas

Faça uma pré-imersão em detergente morno ou quente ou numa solução de removedor à base de amônia (removedores caseiros) e água.

Se isso não for suficiente para amolecer alimentos queimados ou depósitos carbonizados, recorra a produtos mais agressivos, como removedores à base de soda cáustica empregados na limpeza doméstica.

De início, é válido seguir o procedimento indicado para remover sujeira moderada; repetir se necessário e, só se a sujeira persistir, utilizar um método mais severo, com o emprego de produtos mais abrasivos, como os sapólios. Lembre-se, entretanto, de que esses métodos podem afetar levemente a superfície do aço inox. Por fim, enxágue e siga as etapas da limpeza de rotina.

Manchas de ferrugem

Se a limpeza de rotina não for suficiente para remover as manchas de ferrugem, proceda da maneira indicada para a remoção de manchas leves. Se, contudo, as manchas de tonalidade marrom persistirem, é porque algum fragmento de aço comum ficou impregnado na superfície do aço inox. Com um cotonete embebido em ácido nítrico a 10% faça aplicações tópicas, mantendo o local umedecido de vinte a trinta minutos. Repita esse procedimento até a completa remoção. Em caso de manchas muito resistentes, esfregue o local com uma bucha de polimento e uma pasta feita com abrasivo doméstico fino e ácido nítrico a 10%. O tratamento com ácido deve ser neutralizado enxaguando-se a área com uma solução de amônia ou bicarbonato de sódio. Imediatamente depois, faça a limpeza de rotina.

Pias

Use borra de café na limpeza da pia e do chão da cozinha.

Se a pia estiver entupida, faça uma solução de vinagre, água quente e bicarbonato de sódio e aplique-a várias vezes no encanamento até desentupir.

Máquina de lavar

Pelo menos uma vez por mês é necessário fazer a higienização de sua máquina de lavar, para que ela continue funcionando perfeitamente bem. Para essa limpeza, utilize um litro de água sanitária e deixe que a máquina faça o ciclo completo na função branco encardido. O nível de água para essa tarefa deve ser alto. Lembre-se de que o cuidado com as suas roupas depende do cuidado que você tem com a sua máquina. A higienização também contribui para que a máquina de lavar tenha uma durabilidade maior.

Aspirador de pó

É necessário esvaziar o depósito do aspirador com frequência, pois se estiver demasiadamente cheio impedirá a passagem do ar, aspirando mal ou mesmo não aspirando, o que provocará um aquecimento excessivo que danifica o motor. Guarde seu aspirador em local seco. Para limpeza externa, use um pano umedecido com água e sabão neutro. Em seguida, um pano umedecido com água pura e, por fim, um pano macio e bem seco.

Tapetes

Para retirar manchas de gordura dos tapetes, coloque óxido de magnésio em pó sobre as manchas, deixe um tempo e, em seguida, escove-os ou passe aspirador.

Evite que a casa fique cheirando a fritura

Coloque vinagre numa vasilha de boca larga, aberta, e deixe perto do fogão na hora de fritar. Outro truque eficiente é ferver cascas de laranja em fogo baixo, na hora da fritura.

Como retirar a umidade de seus armários

Para que os armários deixem de ter umidade, coloque um recipiente com sal grosso no seu interior. Em pouco tempo a umidade desaparecerá.

Para clarear banheiras

Tire as manchas amareladas das banheiras com uma solução de terebintina (aguarrás) com sal. Polvilhe o local com sal fino, molhe com água oxigenada de vinte volumes e espere por alguns minutos. Em seguida, esfregue com uma escova e enxágue com água pura.

Para afugentar mosquitos

Aconselho espalhar ao redor da casa – salas, dormitórios, cozinha etc. – saquinhos pequenos cheios de canela. Não falha!

Para evitar baratas e pulgas

Passe uma solução de água e inseticida no assoalho antes de encerar. Esta solução ajudará a absorver a poeira e impedirá que baratas e pulgas proliferem. Ela evita também que a madeira manche.

Como eliminar o cheiro desagradável da geladeira

Basta embeber um algodão em baunilha e deixar na geladeira.

ROUPAS

Dicas para lavar

Lavar roupas parece a coisa mais fácil do mundo, mas algumas pessoas pecam nesse assunto, cometendo deslizes que podem acabar com as roupas mais estimadas. Para isso, recebi algumas dicas bem legais que já testei em minha casa:

▶ Separe as roupas por cores e tecidos antes da lavagem, e nunca lave peças pretas com as de cores claras.

▶ Não misture toalhas com outras peças, principalmente as delicadas.

▶ Roupas íntimas devem ser lavadas à mão ou com protetores específicos.

▶ Feche os zíperes, ganchos e botões antes da lavagem para conservar a aparência original das peças.

▶ Remova os enfeites, broches ou fivelas que possam fazer buracos ou danificar outras peças.

▶ Sempre leia as instruções de lavagem que vêm nas etiquetas.

Dica para deixar o pano de prato bem branco

▶ Depois de certo tempo de uso, o pano de prato costuma ficar amarelado. Quando isso acontecer, ferva-o em uma panela com água e vinagre de maçã. O pano voltará a ficar branco!

Dica para tirar manchas de suor da roupa

▶ Em um balde, misture três colheres (chá) de vinagre branco em um litro de água e deixe a roupa de molho por cerca de dez minutos. Depois, é só lavar a roupa normalmente com sabão.

Dicas para secar

▶ Dê preferência para a secagem ao natural, em local arejado.

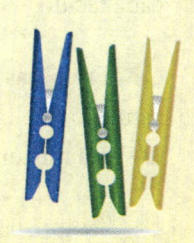

▶ Para evitar que peças coloridas desbotem, o ideal é secá-las à sombra.

▶ Já as peças brancas e de cores claras podem secar ao sol, o que também ajuda a higienizar o tecido e eliminar possíveis ácaros e fungos.

▶ Se o tempo estiver úmido e for necessário o uso de uma secadora elétrica, não se esqueça de que certos tecidos, como malhas e lãs, podem encolher.

▶ Calças, principalmente jeans, devem ser penduradas pelo avesso para que os bolsos não fiquem embolados e úmidos.

▶ A dica para camisetas, jaquetas e camisas é pendurá-las em cabides. Isso ajudará também na hora de passar.

Dicas para passar

▶ Quando recolher as roupas, empilhe-as dobradas de forma que não fiquem amassadas. Isso facilitará na hora de passar.

▶ Para proteger peças com bordados ou ornamentos, vale colocar um pano sobre as aplicações.

▶ O cuidado com a temperatura do ferro também é importante para não danificar as peças.

▶ Na dúvida, as etiquetas indicam as temperaturas adequadas para cada tecido.

▶ Em peças muito amassadas, borrife uma mistura de água com amaciante, o que irá facilitar o processo e deixar a roupa bem-passada. Não use essa mistura em peças pretas porque mancha.

▶ Sempre passe as roupas pelo avesso para evitar que manchem. Algumas peças são muito sensíveis.

Dicas especiais para lavar e passar camisas

Existem alguns macetes para lavar camisas que facilitam muito na hora de passá-las. Veja aqui como lavar sem precisar passar ou, no máximo, passar de um modo bem mais fácil e rápido.

▶ Separe uma hora só para lavar camisas e blusas.

▶ Abotoe todos os botões das camisas.

▶ Antes de colocar as roupas na máquina, esfregue bem com sabão as partes mais sujas, como punhos, cavas e colarinhos. Esfregue ligeiramente a parte da frente e a de trás.

▶ Coloque as camisas na máquina junto com sabão em pó neutro e amaciante.

▶ Ao chegar à última etapa do enxágue, que é a centrifugação, pare a máquina.

▶ Retire as camisas uma a uma. Sacuda-as para retirar o excesso de água (não as torça de maneira alguma).

▶ Coloque cada uma em um cabide. Observe bem o posicionamento dos ombros nos cabides para que não fiquem tortos. Ajeite as mangas e os punhos e alise bem as camisas antes de colocá-las no varal. Ao secar, as roupas vão estar bem mais lisas do que se tivessem passado pela centrifugação.

Ao passar camisas, comece pelo...

▶ colarinho (deixe reto, sem dobrar);

▶ a seguir, os punhos;

▶ depois, as mangas;

▶ a parte da frente;

▶ e, finalmente, a parte das costas (depois, dobre o colarinho).

MANCHAS

Dicas especiais para remover manchas

▶   Para tirar mancha de batom da roupa, aplique removedor não inflamável (tipo benzina) no avesso do tecido.

▶   Ponha toalhas de papel ou tecido embaixo da área manchada (ou seja, embaixo da mancha, uma vez que você está aplicando removedor no avesso).

▶   Se não sair totalmente, use um produto para pré-lavagem e enxágue.

▶   Se ainda não funcionar, esfregue a área manchada com detergente líquido incolor (aquele de lavar louça) e lave com água morna.

▶   Para remover manchas de banha, manteiga, cera ou graxa de tecidos, coloque a parte manchada entre dois mata-borrões e passe o ferro quente. Depois, limpe com benzina, éter, amoníaco, talco ou água quente com sabão. Para tirar manchas de gordura de tecidos, também é possível colocar, no local manchado, uma gema dissolvida em um pouco de água. A mesma dica serve para clarear manchas de mercúrio nas roupas.

▶   Se você manchou a roupa com café, passe rapidamente sobre o local uma pedra de gelo. Depois, enxugue com uma toalha.

▶ Você removerá com facilidade manchas de óleo de carro e de piche passando no tecido, depois de lavado, um pouco de querosene. Depois, lave novamente.

▶ Para tirar manchas de ferrugem de tecidos, coloque sal sobre o local manchado, pingue algumas gotas de limão, deixe secar ao sol e depois lave.

▶ Para remover as manchas que ficam nas meias brancas, por causa do uso, é bom fervê-las, por alguns minutos, com água e algumas fatias de limão. Depois, escorra, esfregue bem o local manchado com sabão e enxágue.

▶ Para retirar chiclete grudado em tecidos, coloque sobre ele uma folha de papel e passe o ferro bem quente. Assim, o chiclete desgrudará com facilidade.

▶ Para remover o amarelado e as manchas de ferrugem das pias de cozinha e peças de banheiro, embeba um chumaço de algodão em água oxigenada e passe suavemente sobre as manchas, até que elas desapareçam.

▶ Para remover manchas de caneta esferográfica de tecidos, deixe-os de molho no leite cru. Outra alternativa é umedecer o local manchado com um pano embebido em vinagre. Depois, enxugue sem esfregar.

▶ Coloque leite fervente sobre os tecidos manchados por frutas. Assim, as manchas sairão facilmente. Também é possível tirar esse tipo de mancha aplicando uma mistura de água morna, leite azedo, sumo de um limão ou vinagre branco.

▶ Para tirar manchas de iodo das roupas, aplique álcool ou um pano embebido em leite e lave com água fria e sabão.

▶ Para tirar manchas de tinta no náilon, apenas coloque um pouco de leite sobre elas.

BELEZA

Como prolongar o efeito da escova progressiva

▶ Para evitar a oleosidade, não escove os cabelos com muita frequência. Dessa forma não irá estimular as glândulas sebáceas a produzir mais gordura.

▶ Faça hidratações toda semana, para que as cutículas dos fios fechem e mantenham o efeito da escova progressiva por mais tempo.

▶ Procure produtos que contenham vitamina A (melhora a elasticidade), sódio (impede que o fio perca água), silicone, queratina, glicerina e ácidos graxos, que mantêm o brilho e a maciez dos cabelos.

▶ Não use xampus de limpeza profunda ou antirresíduos, pois eles removem os ativos da escova progressiva.

▶ Lave os cabelos com água morna ou fria.

▶ Use o secador em temperaturas mais baixas, mantendo uma distância de trinta centímetros dos fios.

▶ Recorra sempre aos *leave-in* (cremes sem enxágue), que protegem os fios contra as agressões diárias.

▶ Escolha cremes que possuem filtro solar para proteger contra os efeitos nocivos do sol.

▶ Use reparador de pontas, para selar pontas duplas indesejadas.

▶ Se for tingir cabelos, prefira fazê-lo uma semana antes de fazer a progressiva.

▶ As hidratações para cabelos tingidos devem ser redobradas, pois, além do ressecamento, os tons loiros vão ficando amarelados, e os morenos e ruivos desbotam com mais facilidade.

Como neutralizar, na boca, o cheiro de alho ou de cebola

Se você acha que isso não é dica de beleza, é porque nunca esteve perto de alguém com hálito de cebola. Para neutralizar o cheiro desagradável de alho ou de cebola, basta mastigar uma folha de hortelã fresca ou casca de limão ou laranja.

Como se vestir no trabalho

▶ A roupa ideal é aquela que chega inteira ao fim do dia, por ser confortável, elegante e versátil. É aquela com que você consegue trabalhar, ir a um almoço e a um coquetel à noite.

▶ Para o dia a dia no escritório, opte por sapatilhas ou saltos médios, para sua elegância e seu conforto.

▶ Para não errar em qualquer situação, evite barriga de fora, sapatos de saltos muito altos, excesso de bijuterias ou joias, decotes, transparências, roupas curtas ou muito chamativas e perfumes fortes.

▶ As camisas e os acessórios desempenham um papel muito importante. A tradicional camisa branca, que combina com praticamente tudo, pode dar espaço a camisas mais modernas, com cortes diferenciados, estruturadas, cinturadas, com detalhes na gola ou no punho.

▶ Invista em sapatos e bolsas de boa qualidade. Lembre-se de que não precisam ser absolutamente iguais. Basta que combinem entre si em termos de material, cor e estilo.

▶ Preto, branco e um toque de cor ficam ótimos.

▶ Com tons de roupa mais sóbrios, invista em acessórios coloridos, como sapatos, bolsas e bijuterias.

▶ Um colar de pérolas valoriza qualquer composição. Com blusas sequinhas e calças de alfaiataria, garantem um visual formal, mas diferente do padrão.

Como conservar seus produtos de beleza

▶ Mantenha cremes, maquiagem e perfumes longe do calor, da luz e da umidade e respeite o prazo de validade dos produtos; tudo isso pode alterar a cor, a fragrância e suas propriedades. Em alguns casos, pode, haver danos à pele. Manter os perfumes na embalagem, guardados no armário, é uma ótima maneira de preservá-los.

▶ Para manter os pincéis de maquiagem sempre em bom estado, lave-os com sabonete neutro líquido ou xampu, pelo menos uma vez ao mês, e seque-os com secador de cabelo para retirar bem a umidade. Prefira os pincéis de cerdas naturais.

▶ Evite tocar os produtos com os dedos, especialmente cremes faciais; use uma espátula.

▶ Se o seu batom estiver derretendo, ponha-o na geladeira por alguns minutos.

▶ Se a sua pinça estiver sem fio de corte, passe uma lixa de unhas na lâmina; isso a afiará.

▶ Como a validade dos produtos de beleza não é muito grande, devemos comprar apenas o que efetivamente vamos usar, sem exageros, para não ter de nos desfazer de produtos por ter expirado seu prazo de validade.

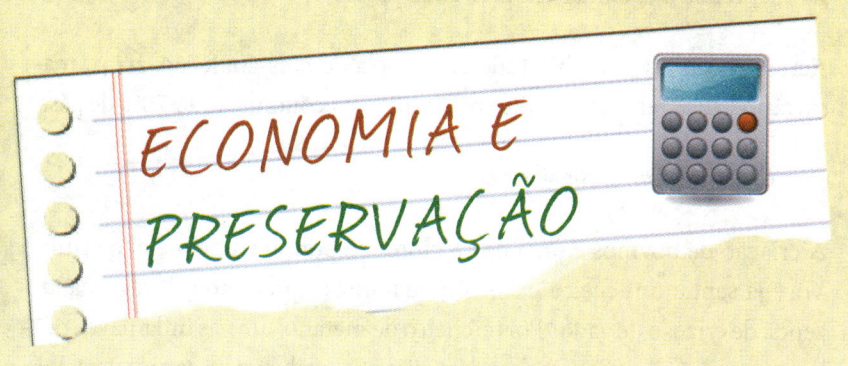

ECONOMIA E PRESERVAÇÃO

Dicas para economizar e, ao mesmo tempo, contribuir para a preservação do planeta

▶ Use uma garrafa térmica com água gelada. Compre uma garrafa térmica de dois ou cinco litros. Abasteça-a de água bem gelada com uma bandeja de cubos de gelo pela manhã. Você terá água gelada até a noite e evitará o abre e fecha da geladeira toda vez que alguém quiser tomar um copo d'água.

▶ Antes de cozinhar, retire de uma vez da geladeira todos os ingredientes de que precisará, para não ficar abrindo-a sempre que for acrescentar mais um ingrediente ao seu cozido.

▶ Tampe suas panelas enquanto cozinha.

Parece óbvio. E é mesmo! Ao tampar as panelas enquanto cozinha, você aproveita o calor que simplesmente se perderia no ar.

▶ Cozinhe a fogo brando.

Por mais que você aumente o fogo, sua comida não vai cozinhar mais depressa, pois a água não ultrapassa 100ºC em uma panela comum. Com o fogo alto, você vai queimar a comida.

▶ Aprenda a cozinhar em panela de pressão.

Acredite... dá pra cozinhar tudo em panela de pressão: feijão, arroz, macarrão, carne, peixe etc. Muito mais rápido e economizando 70% de gás.

▶ Coma menos carne vermelha.

A criação de bovinos é uma das maiores responsáveis pelo efeito estufa. Você já sentiu um cheiro pavoroso quando se aproximou de alguma fazenda de criação de gado? Pois é: cheiro de metano, um gás inflamável, poluente e extremamente fétido. Além disso, a produção de carne vermelha demanda uma quantidade enorme de água. Para produzir um quilo de carne vermelha são necessários duzentos litros de água potável. O mesmo quilo de frango só consome dez litros.

▶ Mude sua geladeira ou seu freezer de lugar.

Ao colocá-los próximos ao fogão, eles utilizam muito mais energia para compensar o ganho de temperatura. Mantenha-os afastados, pelo menos, quinze centímetros das paredes, para evitar o superaquecimento. E nem pense em colocar roupas e tênis para secar atrás deles!

▶ Descongele geladeiras e freezers antigos a cada 15 ou 20 dias.

O excesso de gelo reduz a circulação de ar frio no aparelho, fazendo com que ele gaste mais energia para compensar. Muitas vezes é melhor trocar de aparelho. Os novos modelos consomem até metade da energia dos modelos mais antigos, compensando o valor pago pelo eletrodoméstico a médio ou longo prazo.

▶ Escolha eletrodomésticos de baixo consumo energético.

Procure por aparelhos com o Selo Procel (no caso de nacionais) ou Energy Star (no caso de importados). O Selo Procel indica para o consumidor os aparelhos que apresentam os melhores níveis de eficiência energética em sua categoria, proporcionando economia na conta de energia elétrica, além de estimular a produção e comercialização de produtos mais eficientes e contribuir para a preservação do meio ambiente.

▶ Use a máquina de lavar roupas e o lava-louça somente quando estiverem cheios.

Caso você realmente precise usá-los com metade da capacidade, selecione os modos de menor consumo de água. Se você usa lava-louça, não é necessário usar água quente para pratos e talheres pouco sujos. Só o detergente já resolve.

▶ Retire as roupas da máquina de lavar assim que estiverem limpas.

As roupas esquecidas na máquina de lavar ficam muito amassadas, exigindo ainda mais trabalho e tempo para passar e consumindo, assim, muito mais energia elétrica.

▶ Pendure a roupa para secar em vez de usar a secadora.

Você pode economizar mais de 317 quilos de gás carbônico se pendurar as roupas durante metade do ano, em vez de usar a secadora.

▶ Não deixe seus aparelhos em stand-by.

Simplesmente desligue ou tire da tomada quando não estiver usando um eletrodoméstico. A função de stand-by de um aparelho usa cerca de 15% a 40% da energia consumida quando ele está em uso.

▶ Troque suas lâmpadas incandescentes por fluorescentes.

As lâmpadas fluorescentes gastam 60% menos energia que as incandescentes. Fazendo a substituição, você economizará 136 quilos de gás carbônico anualmente.

▶ Compre um ventilador de teto.

Nem sempre faz calor suficiente para que precise ligar o ar-condicionado. Na maioria das vezes, um ventilador de teto é suficiente para refrescar o ambiente, gastando 90% menos energia. Combinar o uso dos dois também é uma boa ideia. Regule seu ar-condicionado para o mínimo e ligue o ventilador de teto.

▶ Limpe ou troque os filtros do seu ar-condicionado.

Um ar-condicionado sujo representa 158 quilos de gás carbônico a mais na atmosfera por ano. Além de causar sérios problemas de alergia.

▶ Tome banho de chuveiro. E, de preferência, rápido. Um banho de banheira consome até quatro vezes mais energia e água que um banho de chuveiro. Enquanto estiver se ensaboando, desligue o chuveiro. Precisamos adequar nossos hábitos para evitar o desperdício de água.

▶ Não deixe que as crianças brinquem com água.

Brincadeiras com água são sempre muito divertidas, mas passam a ideia equivocada de que a água é um recurso infinito. Ensine aos seus filhos o valor da água e a importância de economizar esse bem tão precioso.

▶ Use menos água quente. Aquecer água consome muita energia. Para lavar a louça ou as roupas, prefira usar água morna ou fria.

▶ Nunca é demais lembrar: recicle.

Recicle no trabalho e em casa. Se a sua cidade ou bairro não tem coleta seletiva, leve o lixo até um posto de coleta. Para que o lixo seja reciclado, ele deve ser separado corretamente. É importante também tentarmos diminuir a quantidade de lixo gerada, comprando apenas o que é necessário e evitando o uso exagerado de embalagens. Além disso, se reduzirmos o tamanho do lixo, dobrando as embalagens descartadas, por exemplo, ele ocupará menos espaço físico. Quanto menor for o espaço de lixo ocupado em um caminhão de coleta, mais resíduos poderão ser transportados de uma única vez, economizando recursos naturais.

▶ Lembre-se de que o material reciclável deve ser lavado (no caso de plásticos, vidros e metais) e o papel deve estar o mais liso possível, sem ser amassado ou picotado. Latinhas de alumínio e garrafas plásticas podem ser amassadas. Evite usar água limpa para lavar o lixo. Use a água da louça ou da máquina de lavar roupas, por exemplo. O lixo para reciclagem deve estar limpo e seco.

▶ Sempre que possível, adquira material reciclado. Produzir papel reciclado, por exemplo, consome de 70% a 90% menos energia do que fabricar o papel comum e poupa nossas florestas.

O que conseguirmos fazer em prol do planeta já será uma boa ajuda. Saiba então o que pode e o que não pode ser reciclado:

Papel

Recicláveis: jornais, revistas, envelopes, cadernos, impressos, rascunhos, fotocópias, listas telefônicas, cartazes, aparas de papel, caixas de papelão e embalagens cartonadas. **Não recicláveis:** papéis engordurados ou sujos, fitas e etiquetas adesivas, papéis celofanes, papéis metalizados ou laminados, papéis plastificados, papéis parafinados e fotografias.

Plástico

Recicláveis: potes, embalagens, copos, garrafas, frascos de produtos de limpeza e higiene pessoal, sacos e sacolas, utensílios, como baldes, canetas etc., brinquedos de plástico, isopor. **Não recicláveis:** fraldas descartáveis, embalagens metalizadas, adesivos, cabos de panelas, espuma, esponjas de cozinha, tomadas e outros plásticos termofixos, acrílico.

Metal

Recicláveis: tampinhas de garrafa, latas, talheres, tampas de panelas e panelas sem cabo, pregos (embalados), embalagens descartáveis. **Não recicláveis:** latas de tinta, verniz, solventes químicos e inseticidas, aerossóis, esponjas de aço.

Vidro

Recicláveis: garrafas, copos, potes e frascos em geral e vidros de janelas. Importante: inteiros ou em cacos, os produtos devem ser enrolados em jornal ou papelão. **Não recicláveis:** espelhos, vidros temperados, refratários (pirex), louças de porcelana ou cerâmica, cristais, lâmpadas, vidros especiais (como tampas de forno e micro-ondas), ampolas de remédios.

▶ Reduza o uso de embalagens.

Embalagem menor é sinônimo de desperdício de água, combustível e recursos naturais. Prefira embalagens maiores, de preferência com refil. Evite ao máximo comprar água em garrafinhas. Tenha sempre com você sua própria garrafinha.

▶ Leve sua própria sacola ecológica para as compras.

As sacolas ecológicas são fabricadas com matérias-primas ecologicamente corretas, como algodão, juta e tecidos reciclados. A forma de produção também deve ser ambientalmente correta e socialmente justa, para que ela esteja conforme os princípios de sustentabilidade. Sacos plásticos descartáveis são um dos grandes inimigos do meio ambiente. Eles não apenas liberam gás carbônico e metano na atmosfera, como também poluem o solo, o mar, e causam entupimento de esgotos e galerias, acarretando inundações. Quando as sacolas plásticas chegam ao mar ou aos rios, também causam danos à fauna, porque muitos animais não conseguem separar o alimento do saco plástico, ou mesmo confundem o plástico com o alimento, e morrem asfixiados.

▶ Não troque o seu celular desnecessariamente.

Já foi tempo em que celular era sinal de status. Não troque seu celular apenas porque saiu um modelo mais bonito ou com funções que talvez você nem use. Fique com o antigo pelo menos enquanto estiver funcionando perfeitamente ou em bom estado. Se o problema é a bateria, considere o custo/benefício de trocá-la e descartá-la adequadamente, encaminhando-a a postos de coleta. Celulares e outros aparelhos eletrônicos trouxeram muita comodidade à nossa vida, mas fazem uso de derivados de petróleo nas peças e metais pesados nas baterias. Utilize acessórios tecnológicos até o final da vida útil deles. Lembre-se de que eles certamente não foram nada baratos e que seu descarte, se não for ambientalmente correto ou encaminhado para reciclagem, pode trazer prejuízos para a natureza.

▶ Use somente pilhas e baterias recarregáveis.

É verdade que são caras, mas o uso a médio e longo prazos representa uma grande economia. Duram anos e podem ser recarregadas em média mil vezes.

▶ Ande menos de carro.

Tente sair menos de carro e usar mais o transporte coletivo (ônibus, metrô), o transporte limpo (bicicleta) ou ir a pé (em caso de trajetos mais curtos). Se você não usar o carro duas vezes por semana, deixará de emitir setecentos quilos de poluentes por ano.

Parte II
Dicas de culinária

Nesta parte reuni algumas dicas de culinária que aprendi e achei bem interessantes. Muitas amigas já as testaram, e, é claro, na minha cozinha do programa, faço uso delas todos os dias!

Atenção na hora de comprar os alimentos

▶ Na compra de produtos que necessitam de refrigeração, verifique a temperatura dos balcões, que deve ser de até 10 °C para produtos refrigerados e até -8 °C (ou seja, -7 °C, -6 °C, -5 °C estaria fora do permitido) para os congelados. Se o termômetro não estiver visível, observe se há uma nuvem de frio por cima dos alimentos. Fique atento também para a presença de poças d'água e embalagens transpiradas, que podem indicar que as geladeiras foram desligadas.

▶ Evite comprar alimentos de balcões superlotados, pois a temperatura não será uniforme para todos os produtos.

▶ Os estabelecimentos que comercializam sucos de frutas para consumo imediato devem mantê-los sob refrigeração uma vez que, por serem naturais, se deterioram com facilidade. Na embalagem dessas bebidas devem constar a data de extração e o prazo de validade.

▶ Ao comprar refrigerantes e cervejas, observe se as garrafas não apresentam vazamentos e se as tampas e os lacres não foram violados. As garrafas de vidro exigem armazenamento específico: devem estar em boas condições e de pé para evitar atritos que possam causar estouros e vazamentos e não podem estar expostas ao sol ou próximas a fonte de calor.

▶ Alimentos não podem ser estocados próximos a produtos de limpeza, inseticidas e artigos de perfumaria.

▶ Dê preferência às frutas e verduras de época, conservando-as em local limpo, seco e fresco para que durem mais tempo. Quando refrigeradas, devem ficar na gaveta inferior da geladeira, em sacos plásticos perfurados ou fechados e mantidas a uma temperatura em torno de 6 °C, pois o ar gelado pode "queimá-las". Ao serem acondicionadas dessa forma, é necessário que as verduras e o saco plástico estejam secos.

▶ O verão não combina com alimentos muito gordurosos (carne de porco, chocolate, amendoim etc.) por serem de difícil digestão.

▶ Não compre sacolés, sorvetes e refrescos de origem desconhecida, pois não há como se certificar da qualidade da água e dos componentes utilizados.

▶ Os sorvetes à base de frutas são mais refrescantes, mas se a questão for nutrição prefira os que contêm leite em sua composição.

Cuidados ao comprar carne

▶ Hoje em dia, muitos mercados estão vendendo carne proveniente de abatedouros clandestinos. Portanto, ao comprar qualquer tipo de carne, certifique-se sobre a sua origem e o modo pelo qual ela foi processada.

▶ Para você, consumidor, saber como diferenciar uma carne de boa qualidade, que foi processada de modo correto, de uma carne ruim, com grandes possibilidades de contaminação, aqui vão algumas dicas:

▶ Em caso de peça inteiras de carne, verifique se estava embalada e se foi manuseada pelo açougueiro de forma higiênica, utilizando luvas, roupas brancas e máscara.

▶ Em peças menores, como picanha, filé-mignon, bifes, verifique se estão em uma embalagem que as proteja de contaminações, se há a marca do SIF (Serviço de Inspeção Federal) e, por fim, se existe um selo indicando a proveniência do produto.

Para evitar o desperdício

▶ Os talos de couve, agrião, beterraba, brócolis e salsa, entre outros, contêm fibras e devem ser aproveitados em refogados, no feijão e na sopa.

▶ Os talos do agrião contêm muitas vitaminas. Limpe, pique e refogue-os com temperos e ovos batidos.

▶ As folhas da cenoura são ricas em vitamina A e devem ser aproveitadas para preparar bolinhos e sopas ou picadinhas em saladas. O mesmo se pode dizer das folhas duras da salsa.

▶ A água do cozimento das batatas acaba concentrando todas as vitaminas. Aproveite-a, juntando leite em pó e manteiga para fazer purê.

▶ As cascas da batata, depois de bem lavadas, podem ser fritas em óleo quente e servidas como aperitivo.

▶ A casca da laranja fresca pode ser usada em pratos doces à base de leite, como arroz-doce e cremes.

▶ A parte branca da melancia pode ser usada para fazer doce, que se prepara como o doce de mamão verde.

▶ Com as cascas das frutas (goiaba, abacaxi etc.), pode-se preparar sucos, batendo-as no liquidificador. Este suco pode ser aproveitado para substituir ingredientes líquidos no preparo de bolos.

▶ Cozinhe as verduras a vapor, assim não perderão o valor nutritivo. E evite consumir folhas com aparência amarelada.

▶ Quando for ralar a casca do limão, nunca atinja a parte branca, pois ela é amarga.

Cascas, folhas e talos também devem fazer parte do cardápio

▶ É importante a utilização de cascas, talos e folhas, pois o aproveitamento integral dos alimentos, além de diminuir os gastos com alimentação e melhorar a qualidade nutricional do cardápio, reduz o desperdício, e torna possível a criação de novas receitas.

▶ Essa postura deve ser adotada no dia a dia por qualquer pessoa, independentemente de sua classe social ou econômica. Isso significa eliminar alguns preconceitos alimentares de que esse tipo de alimentação é somente utilizado em programas sociais voltados para população de baixa renda, sem levar em conta o valor nutricional de alguns alimentos, que quase sempre está concentrado nas cascas ou folhas. Essas partes do alimento que posteriormente iriam para o lixo podem ser bem aproveitadas, servindo para suprir a carência de nutrientes no organismo e tornando o cardápio mais saudável e criativo.

Procedimentos de higienização

▶ Vale lembrar que o manipulador deve sempre lavar as mãos com água e sabão quando estiver em contato com qualquer tipo de preparação alimentícia.

Como higienizar frutas, verduras e legumes

▶ Lavar muito bem os alimentos em água corrente, um a um.

▶ Colocar os alimentos em água clorada por 15 minutos. Para cada litro de água, usar uma colher de sopa de cloro e sempre observar no rótulo a recomendação do fabricante.

▶ Em seguida, deve-se retirá-los e enxaguá-los bem em água corrente.

Creme de leite

▶ Para conservar por alguns dias o creme de leite, depois de aberto, despeje o conteúdo da lata num vidro com tampa de plástico, limpo e enxuto, e coloque-o na geladeira.

▶ Para evitar que o creme de leite talhe ao ser usado num molho quente, não deixe que ferva.

▶ Se você precisar de creme de leite azedo para alguma receita, coloque duas colheres de chá de suco de limão em cada xícara de creme de leite fresco. Ou então, em lugar do limão, use meia colher de sopa de vinagre para a mesma medida de creme de leite.

▶ Você poderá substituir o creme de leite por requeijão cremoso (de copo) para fazer o seu estrogonofe. Assim, o prato ficará mais gostoso e não tão doce.

▶ Se você misturar o creme de leite com duas claras batidas em neve e uma pitada de sal, ele renderá muito mais.

▶ O purê de batatas ficará mais saboroso se você substituir o leite pelo creme de leite.

Doces

Essa paixão nacional não podia ficar de fora do nosso livro de dicas. Reuni algumas dicas que considero bem interessantes:

▶ Você sabia que nas receitas doces devemos sempre adicionar ao açúcar uma pitadinha de sal, porque intensifica a doçura do açúcar?

▶ O açúcar cristal é melhor do que o açúcar refinado para fazer caldas e caramelizar formas. Ele derrete mais rápido, fica mais fino e não escurece tanto quanto o açúcar refinado.

▶ Se a massa de sorvete não quiser dar o ponto, retire-a do congelador e bata no liquidificador. Depois, leve-a ao congelador novamente.

▶ Ao cozinhar qualquer doce, coloque um pires emborcado no fundo da panela. Assim, o doce não derramará.

Banana

Uma das frutas mais consumidas pela população brasileira, a banana pode ser usada em diversos tipos de preparos. Reuni alguns truques que podem ser bem úteis:

▶ Para que o doce de banana não grude no fundo da panela, quando for misturar as bananas e o açúcar, acrescente uma colher de chocolate em pó.

▶ Se a banana estiver muito mole, mas não estragada, aproveite-a em bolos, vitaminas ou doces.

▶ Quando utilizar banana numa torta, mergulhe-a em sumo de limão ou de laranja para evitar que fique escura.

Bolos

▶ Nunca se deve misturar o fermento com outro produto que não seja a farinha. Porém, quando bater um bolo com batedeira elétrica, nunca junte o fermento à farinha. O fermento só deve ser posto no fim de tudo e muito levemente misturado. E, se bater demais a massa com fermento, ele perde o efeito, você sabia?

Sobre os ingredientes secos...

Quando incorporar ingredientes secos, misture-os devagar. Os ingredientes secos devem ser peneirados em conjunto para o bom êxito da receita. Se não usar batedeira elétrica, bata a massa dos bolos com uma colher de pau.

Pulo do gato!

▶ Nunca devemos utilizar, na confecção de um bolo, ingredientes quentes. Somente quando as receitas pedem!

▶ Quando um bolo ficar torrado logo no princípio da cozedura, devemos cobri-lo com um papel molhado em água fria.

▶ Quando um bolo leva a gordura no fim da preparação, ela deve estar derretida e fria para não ter de ser batida, mas sim envolvida. Para que a tigela não deslize enquanto você bate o preparado, coloque-a sobre um pano úmido dobrado em quatro.

Você sabia?

Para que o fundo de um bolo não se queime enquanto assa, salpique sal fino na placa do forno sobre a qual vai colocar a forma do bolo. Assim, não queima.

Essa dica é lá de São Joaquim da Barra!

O bolo de chocolate não ficará ressecado se você acrescentar à massa uma ou meia maçã ralada, ou, se preferir, uma colher de café bem forte.

Hummm!

▶ Um bolo amanhecido pode ficar saboroso se você umedecê-lo com leite e depois deixá-lo em forno moderado por alguns minutos.

▶ Se, ao desenformar o bolo, ele estiver grudado, coloque a forma por alguns segundos sobre o fogo baixo. O bolo se soltará perfeitamente do fundo da forma.

▶ Se o bolo ficar dourado antes que esteja completamente assado, coloque uma forma com água na prateleira superior do forno.

Legumes e vegetais

Eles são parte importante da alimentação. Por isso, você deve saber algumas dicas para melhor aproveitar esses amigos da sua saúde.

Aprendi com a mamãe...

▶ Para que o palmito fique macio como os de lata, leve ao fogo o suco de um limão grande, água e sal. Quando estiver fervendo, desfolhe o palmito e corte, com uma faca inoxidável, diretamente na água fervente. Deixe cozinhar até ficar macio, escorra e prepare como quiser.

▶ As beterrabas conservarão seu colorido se forem cozidas com casca e um pedacinho de caule. Adicione uma pitada de açúcar à água do cozimento. Assim, as beterrabas ficarão mais saborosas.

▶ A água que você usou para cozinhar as beterrabas pode ser aproveitada no cozimento do feijão.

▶ Corte a berinjela crua em fatias e mergulhe em água com um cálice de leite, durante meia hora. Dessa forma, ficará mais macia e não escurecerá.

▶ Antes de fritar berinjelas, passe-as na farinha de rosca misturada com clara de ovo. Assim, elas não absorverão muito óleo.

Essa é pra você que não aguenta cheiro de cebola nas mãos!

▶ Deixe para picar o pimentão após a cebola. Ele tirará facilmente o cheiro de cebola das mãos. Para tirar o cheiro de pimentão, basta lavar as mãos com água e sabão.

Leite

Sabia que, se você enxaguar a leiteira com água fria antes de ferver o leite, ele não ficará grudado no alumínio e facilitará a lavagem da vasilha?

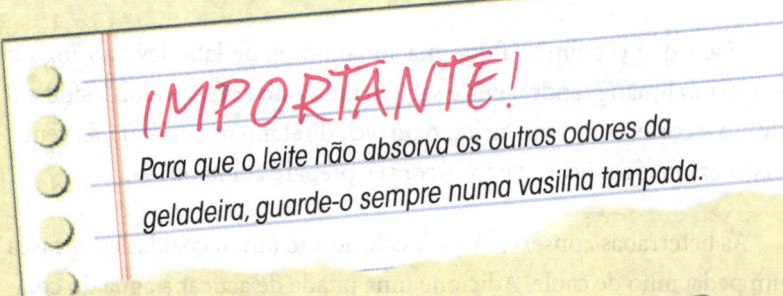

IMPORTANTE!
Para que o leite não absorva os outros odores da geladeira, guarde-o sempre numa vasilha tampada.

Maionese

Está aí uma coisa de que quase todo mundo gosta. Mas para conservá-la bem, que tal lançar mão destas dicas?

▶ Para conservar a maionese por vários dias, adicione uma colher de sopa de água quente, misture bem e guarde-a num vidro tampado, na geladeira.

▶ Se a maionese talhar, pingue água fervente, aos poucos, sem parar de bater, até que ela volte ao normal.

▶ Se a maionese começar a desandar, escorra o azeite, junte uma ou mais gemas, conforme a quantidade de molho, e bata novamente, de acordo com a receita.

▶ Faça maionese verde acrescentando folhas de agrião ou de espinafre, bem picadas, à maionese já engrossada.

▶ Quando a maionese batida no liquidificador desandar, retire e coloque um ovo inteiro no liquidificador. Depois, vá acrescentando a maionese desandada aos poucos, com o aparelho ligado, até que ela endureça novamente.

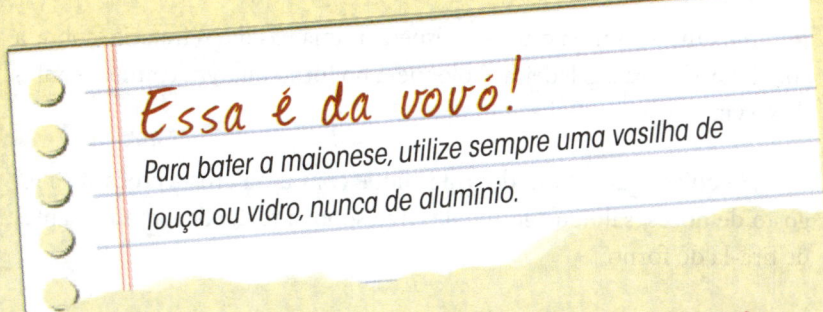

Essa é da vovó!
Para bater a maionese, utilize sempre uma vasilha de louça ou vidro, nunca de alumínio.

Massas

"Mangia che te fa bene!" Porque não precisa ter ascendência italiana para curtir uma boa massa...

▶ Ao fazer massas fermentadas, tire uma pequena porção, faça uma bolinha e coloque-as num copo com água. Quando a bolinha subir, a massa estará pronta para ir ao forno.

▶ Acrescente à massa de pizza uma batata cozida. A massa ficará mais leve.

Pulo do gato!

Quando fizer macarrão em casa, use um cabide para secar a massa.

Mais sabor à sua massa...

▶ Além do sal e do óleo, que normalmente vão à água para cozinhar o macarrão, acrescente também um raminho de salsa. Assim, a macarronada ficará mais saborosa.

▶ A macarronada ficará mais saborosa também se você misturar um pouco de pimenta-do-reino ao queijo ralado.

▶ Arrume a lasanha crua, de véspera, numa vasilha refratária, cubra-a com leite e leve-a à geladeira. Coloque-a no forno quarenta minutos antes de servir.

▶ Se quiser que a torta de frutas fique com uma crosta crocante com gosto de nozes, salpique germe de trigo sobre a torta, dez minutos antes de tirá-la do forno.

Mais cor à massa...

▶ Para fazer macarrão colorido, acrescente à massa: espinafre para a massa verde, beterraba para a massa rosada ou chocolate (em pó) para a massa marrom.

Para grudar na geladeira!

Nunca use manteiga ou ovos gelados em suas receitas. Eles devem estar à temperatura ambiente para não alterar a consistência da massa.

Outras dicas preciosas...

▶ Massas doces ficarão mais macias se você usar gordura não gelada e mexer com movimentos leves.

▶ Para pincelar tortas e empadas, misture bem a gema com o óleo e depois acrescente uma pitada de açúcar com algumas gotas de café forte.

▶ A massa de torta não ficará estufada se você furar com um garfo toda a sua superfície e as bordas, quando ela estiver na assadeira.

Molhos

Uma parte importante da refeição; afinal, com eles tudo fica mais gostoso!

Muito mais sabor...

▶ O macarrão ficará mais saboroso se você acrescentar ao molho raspas de noz-moscada.

▶ Para que o molho de tomate não fique ácido, acrescente uma colher de sopa de creme de leite ou coloque uma pitada de açúcar no final do cozimento.

▶ Outro truque para tirar a acidez do molho de tomate é prepará-lo com todos os temperos e colocar, durante a fervura, alguns pedaços de batata ou cenoura.

▶ Para dar um sabor especial ao molho branco, aqueça bem o leite com uma folha de louro e uma cebola descascada. Se você quiser, adicione um cravo-da-índia. Depois, deixe-o em lugar quente durante 15 minutos. Em seguida, escorra-o e prepare o molho branco.

▶ Só tempere um molho com sal depois que ele já estiver preparado. Se você colocar antes, o gosto de sal se concentrará enquanto o molho cozinha.

Ovos

Eles estão presentes em muitos preparos, mas você sabe como usá-los da maneira correta? Então vamos às dicas que preparei para vocês com a ajuda do pessoal da minha cozinha.

Pulo do gato!

▶ Ao fazer omeletes, suflês e fritadas, adicione uma pitada de fermento em pó aos ovos batidos. Assim, eles renderão mais.

▶ Para as omeletes não grudarem, esfregue sal no fundo da frigideira. Para evitar que os ovos fritos grudem, aqueça bem a frigideira antes de colocar manteiga ou óleo. Se a frigideira for nova, ferva nela um pouco de vinagre antes de usar.

Pães

Nada como uma boa massa de pão para deixar o dia mais alegre! Mas o que fazer se você não acerta o ponto ou se a massa não cresce? Aqui vão alguns truques que aprendi desde o começo da carreira.

▶ Para assar o pão de queijo feito com polvilho azedo, coloque-o em forno bem quente e vá abaixando o fogo, gradativamente, depois que o pão estiver crescido, até que ele seque. Caso contrário, o pão ficará murcho e puxa-puxa.

▶ Para a massa do pão crescer mais rápido, sove-a bem e coloque-a num saco plástico bem fechado.

▶ A massa do pão ficará bem fofa e leve se você acrescentar uma batata cozida, fria ou morna, passada no espremedor.

▶ Para você saber se a massa do pão está no ponto, estire-a e corte-a ao meio. Se ela tiver muitos furinhos, não está no ponto. Caso contrário, já poderá ir ao forno.

Não esqueça!

Para assar pão, coloque junto, na parte de baixo do forno, uma vasilha refratária cheia de água. Assim, o pão ficará com uma crosta mais dura. E não convém abrir o forno nos dez primeiros minutos.

Hummm!

Para que o pão italiano fique com uma crosta bem crocante, pincele-o duas vezes com água, enquanto ele assa.

Peixes

Os cuidados no preparo dos peixes são essenciais. Não abro mão de nenhuma destas dicas que recebi por e-mail de uma amiga. E já testei todas!

Você sabia que o peixe assado não grudará na forma, nem perderá o sabor, se você forrar a assadeira com fatias de batata crua? Também pode cobri-la com uma camada de cebolas picadas, aipo e cheiro-verde.

Muito mais sabor...

▶ Ao fritar peixe, coloque um ramo de salsa no óleo da frigideira. Ele ficará mais gostoso e cheiroso.

▶ O leite deixa o peixe mais macio e saboroso. Se o peixe for fresco, deixe-o de molho por alguns minutos no leite antes de temperar. Se o peixe for congelado, descongele diretamente no leite: ele ficará com sabor de peixe fresco.

Polenta

Não é só quem aprecia comida mineira que gosta de uma boa polenta. Quase todo mundo que eu conheço adora esse acompanhamento. E a polenta geralmente combina com tudo. Se você souber estes truques na hora de prepará-la, tudo ficará ainda mais gostoso!

▶ Sobrou polenta do dia anterior? Mergulhe as fatias em água fervente durante apenas um minuto. Retire a polenta e enxugue-a com guardanapo. Assim, ela ficará como a polenta feita na hora.

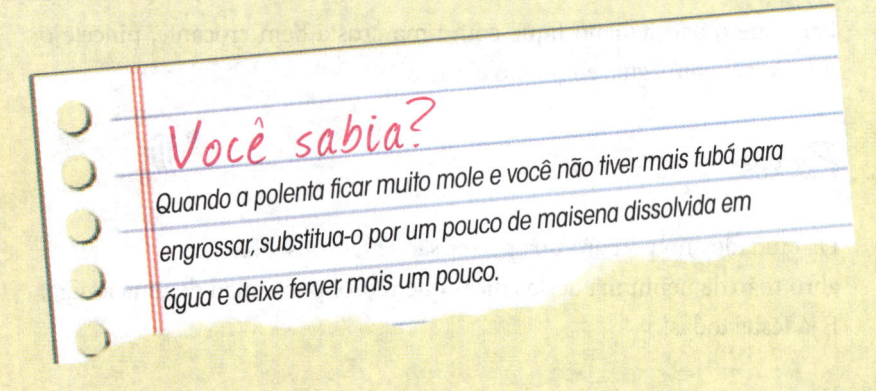

Você sabia?

Quando a polenta ficar muito mole e você não tiver mais fubá para engrossar, substitua-o por um pouco de maisena dissolvida em água e deixe ferver mais um pouco.

▶ E, para evitar que a polenta encaroce, não coloque o fubá diretamente na água. Dissolva-o antes em água fria e depois adicione-o à água fervente. A água fria usada deverá ser descontada do total de água que a receita indicar.

Hummm!

▶ A polenta frita ficará mais macia e com uma crosta crocante se você passá-la na farinha de trigo antes de fritar.

▶ Quando você fizer polenta e ficar uma parte grossa no fundo da panela, coloque leite e deixe de molho. As placas finas de polenta se soltarão da panela e ficarão muito gostosas temperadas com açúcar.

Queijos

Quando fiz esta lista, não deixei faltar dicas sobre queijos. Afinal, quem consegue viver sem eles?

Para o queijo não endurecer...

O queijo não ficará duro se você passar manteiga ou margarina na parte cortada. Para o queijo duro ficar macio novamente, coloque-o de molho em leite.

Para o queijo continuar fresquinho...

▶ O queijo não ficará rançoso nem com bolor se você o embrulhar em um pano molhado com vinagre.

▶ O queijo de minas se conservará fresco se for guardado na geladeira em um recipiente fundo com um pouco de água levemente salgada. Vire o queijo, de manhã e à noite, para que os lados fiquem úmidos.

Para cortar o queijo...

Para cortar o queijo em fatias, use uma faca sem corte. Nesse caso, ela cortará melhor que uma faca afiada.

Dicas preciosas...

▶ Rale sobras de queijo e use-as em molhos e sopas.

▶ O queijo parmesão poderá ser aproveitado até o fim, mesmo quando estiver duro e difícil de ralar. Para isso, embrulhe-o num pano molhado durante 48 horas. Depois, raspe toda a sua superfície. A casca sairá facilmente.

Temperos

Podem ser grandes aliados, se você souber fazer bom uso deles e, é claro, souber conservá-los.

Você sabia?

▶ Para conservar a salsa fresca, lave-a, deixe-a secar e corte-a bem fininha. Depois, guarde-a num vidro, coberta com óleo.

▶ A salsa também poderá ser conservada fresca, por até três semanas, se lavá-las, escorrê-las bem e guardá-las num vidro tampado na geladeira.

Sobras de vinho e de cerveja

Aproveite as sobras de vinho e de cerveja para temperar a carne assada em panela de pressão. O vinho poderá ser usado na própria vinha-d'alhos, e a cerveja poderá ser despejada na panela, depois que a carne estiver dourada de todos os lados.

Sabor especial...

▶ Para dar um sabor especial a frangos e carneiros, espalhe um pouco de alecrim antes de grelhá-los ou assá-los.

▶ Para dar um sabor ardido, igual ao da pimenta, a sopas e molhos, acrescente um pedacinho de gengibre. Retire-o na hora de servir.

▶ Se a comida ficar muito apimentada, adicione uma colher de chá de açúcar.

▶ Para dar mais sabor a saladas, esfregue, na saladeira, um dente de alho.

Aproveite bem os alimentos

▶ Para aproveitar a mostarda ressecada, adicione algumas gotas de azeite, um pouco de vinagre e uma pitada de sal.

Dica de ouro!
Nunca guarde condimentos perto do fogão, pois eles perderão a cor e o sabor. Para que os condimentos continuem sempre frescos, guarde-os na geladeira.

Arroz

O arroz nosso de cada dia é assunto em todas as mesas brasileiras, e a maioria das pessoas sabe bem todos os truques para deixá-lo sequinho, soltinho etc. Mas como sempre temos aquela dica do chefe que faz toda a diferença, trago aqui algumas novidades que aprendi em anos de viagens e conversando com gente que entende do assunto. Vamos lá?

Essa é da vovó...

▶ Lave o arroz e refogue-o. Coloque água fervente e deixe ferver por cinco minutos. Desligue o fogo, enrole a panela com folhas de jornal e, em seguida, amarre-a com uma toalha. Deixe a panela assim durante 15 minutos. Ao abrir, o arroz estará cozido e quente.

Sobrou um pouco de arroz de ontem

▶ Sobrou um pouco de arroz de ontem que não dá para todo mundo hoje? Faça um pouco e, quando estiver quase pronto, com a água quase secando, adicione o de ontem por cima e tampe metade da panela. Só vale para o arroz de ontem guardado na geladeira.

▶ Coloque o arroz amanhecido numa panela com um pouco de água, mexa, tampe e leve ao fogo baixo. Depois de alguns minutos, ele ficará soltinho e saboroso como o arroz feito no dia.

Sabor especial...

▶ Você pode dar um sabor muito especial ao risoto se colocar um pouco de cravo-da-índia no tempero.

▶ Cozinhe o arroz sempre com a panela tampada. Assim, ele não perde nem o sabor nem a consistência.

Aves

Não é horrível servir uma ave que ficou ressecada? Para evitar esse problema, que tal pincelar toda a superfície com manteiga ou margarina?

Dicas especiais...

▶ Para deixar um frango ou uma galinha bem limpos e branquinhos, passe farinha de mandioca, deixando por cinco minutos. Depois, lave com água fria.

▶ O frango frito fica dourado e sequinho, sem grudar na panela, se você colocar uma colher de sopa de maisena no óleo bem quente de fritura.

Dicas para o dia a dia...

▶ Para desossar um frango, corte a pele das costas no sentido do comprimento. Passe a lâmina da faca entre a carne e os ossos. Quebre os ossos das pernas e vire-as para poder retirar a carne.

▶ Quando você for empanar frango com farinha, deixe-o na geladeira por uma hora. Assim, a farinha adere melhor na hora da fritura.

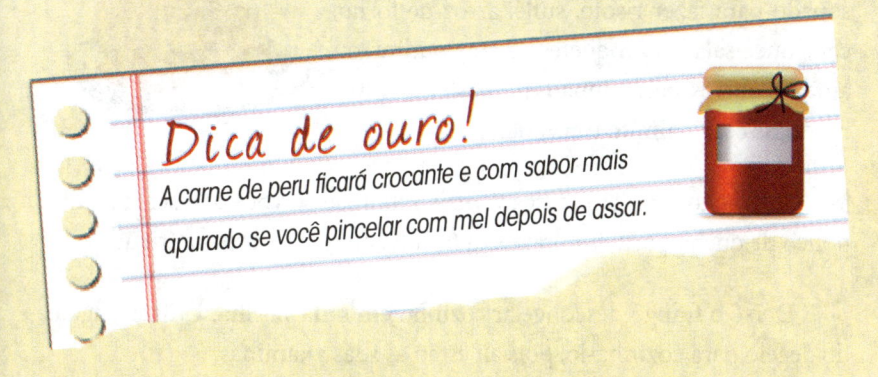

Dica de ouro!
A carne de peru ficará crocante e com sabor mais apurado se você pincelar com mel depois de assar.

▶ Se a galinha estiver dura e demorando a cozinhar, coloque dentro da panela uma cortiça. Assim, a galinha amolece rapidamente.

▶ Faça uma pasta com dois ovos cozidos, salsinha picada, dois dentes de alho, uma pitada de pimenta-do-reino e maionese. Passe essa mistura no frango e coloque-o para assar. Ele ficará muito saboroso.

▶ O frango ficará mais macio se você colocar no tempero ou no cozimento uma pitada de fermento em pó ou de bicarbonato de sódio.

▶ Passe, no peito do frango, manteiga ou margarina, ou ainda óleo, e cubra-o com papel de alumínio. Leve para assar, colocando o frango com o peito voltado para baixo. Assim, a carne ficará mais macia.

▶ Para que o frango ou a galinha caipira cozinhem mais rápido, basta adicionar meio copo de cerveja clara ao cozimento.

▶ Adicione, ao refogar a galinha de granja, duas colheres de sopa de açúcar. Assim, ela ficará dourada e bem firme quando cozida.

▶ Antes de temperar o frango, escalde-o com água fervente e suco de limão. Ficará menos gorduroso.

▶ Utilize as sobras de frango assado ou ensopado para fazer risoto, suflê, arroz de forno, canelone, salada, croquetes, torta, pudim ou ainda recheios para empadas e pastéis, misturando-as com palmito e ervilha.

▶ O frango à milanesa ficará mais saboroso se você acrescentar um pouco de queijo parmesão ralado à farinha de rosca, antes de fritar.

▶ Deixe o frango descongelar sozinho em uma vasilha. Utilize a água do degelo para cozinhá-lo, pois ali estão as suas vitaminas.

Azeite

Azeite é tudo de bom, por isso acabei incluindo-o aqui na nossa listinha de dicas. Se você conhecer mais alguma, é só me mandar, combinado?

Dica da vizinha

Se você colocar ervas aromáticas, como orégano, alecrim etc., no azeite, obterá um ótimo tempero para saladas.

▶ Guarde as azeitonas na geladeira em uma vasilha coberta com água filtrada, sal e uma gota de azeite. Assim, elas não ficarão rançosas.

▶ Coloque algumas azeitonas pretas, furadas com um garfo, e um pouco de alho socado num vidro com óleo comum de cozinha e deixe na geladeira por alguns dias. O óleo ficará com sabor de azeite de oliva. Ou, ainda, quebre os caroços de azeitona, coloque num recipiente com óleo e guarde durante três meses.

Carnes

As dicas de carne dariam um livro, porque são muitos os cuidados que devemos ter com as carnes, e existem inúmeros truques para deixá-las mais saborosas. Por isso, aí vão algumas dicas que selecionei para você se sair bem quando for preparar o bifinho...

Dicas de ouro!

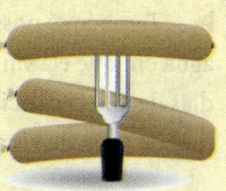

▶ Sempre que possível, deve-se assar as carnes com sua própria gordura. No caso da picanha, deve-se começar a assar a peça com a gordura para cima, para que a carne permaneça suculenta e macia, não perdendo sua umidade natural e seus nutrientes. No momento em que a carne encorpar, vira-se a porção com a gordura para baixo, sempre deixando a peça na parte superior da grelha.

▶ Para que um assado fique dourado, pincele com molho de soja antes de levá-lo ao forno.

▶ Quando você for fazer bolinhos de carnes e não tiver ovos, substitua-os por batata cozida amassada. Cada ovo deve ser substituído por uma batata.

▶ Os bifes não ficarão duros nem minarão água se você não temperá-los com vinagre ou limão.

▶ Para dar uma cor dourada aos bifes, coloque, na hora da fritura, uma colher de sobremesa de massa de tomate.

Como preparar churrasco para alguém que tenha restrição ao consumo de sal?

É simples: prepare um espeto em separado, temperando a carne com vinagre e, se quiser, um pouco de alho amassado. Quando for servir, ofereça junto alguns gomos de limão.

Para amaciar...

▶ Para amaciar a carne, conserve-a em azeite e vinagre, pelo menos durante duas horas, antes de cozinhar.

▶ Também é possível amaciar a carne juntando umas gotas de banha à água em que ela vai ser cozida. Ela pode também ser temperada com dois dias de antecedência. Ou então acrescente, durante o cozimento, uma colher de sopa de vinagre ou aguardente, para cada quilo de carne.

Para congelar...

▶ A carne parcialmente congelada pode ser novamente colocada em geladeira, ou mesmo recongelada. Depois de cozida, qualquer carne pode ser recongelada.

▶ A carne conserva-se muito mais tempo no congelador se for previamente salgada, mas muito ligeiramente.

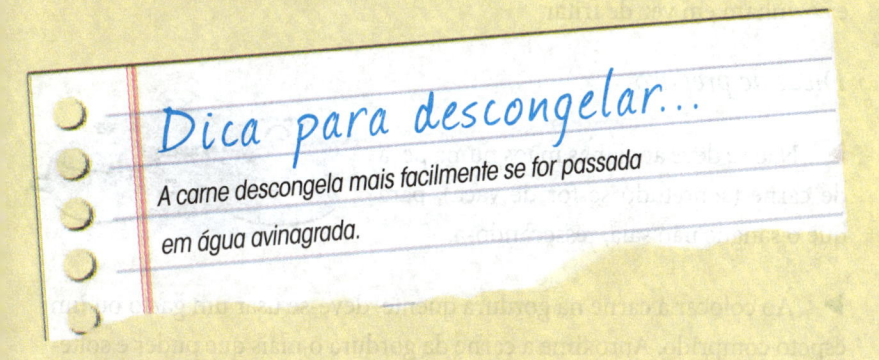

Dica para descongelar...
A carne descongela mais facilmente se for passada em água avinagrada.

Para conservar...

▶ A carne fresca pode ser guardada na geladeira durante quatro dias no máximo, em um recipiente hermeticamente fechado.

▶ Para uma conservação de duas ou três semanas, a carne pode ser congelada na embalagem de origem. Para períodos mais longos, convém recobri-la com uma folha de papel metalizado ou de plástico.

▶ A carne conserva-se melhor sem osso, pois eles apodrecem primeiro.

Para cozinhar...

A carne com osso cozinha mais depressa do que a sem osso, porque o osso é um bom condutor de calor.

Para dourar...

▶ Para a carne dourar rapidamente, junte uma pitada de açúcar à gordura em que vai fritar. O açúcar em fogo forte carameliza os alimentos, dando-lhes uma bonita cor dourada.

▶ Quando quiser dourar cubos de carne, não coloque muitos de cada vez na frigideira, porque acabam levando muito mais tempo para dourar, e cozinham em vez de fritar.

Dicas de preparo

▶ Não se deve apoiar as mãos numa peça de carne (sobretudo se for de vaca), para que o sangue não saia, ressecando-a.

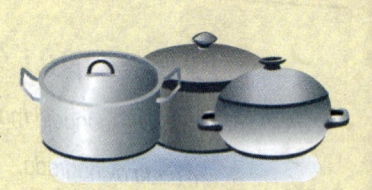

▶ Ao colocar a carne na gordura quente, deve-se usar um garfo ou um espeto comprido. Aproxime a carne da gordura o mais que puder e solte-a delicadamente. Isso ajuda a diminuir o impacto da gordura quente na umidade do alimento.

Feijoada

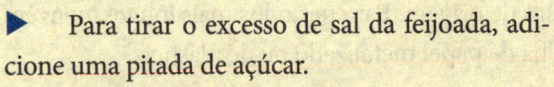

▶ Para tirar o excesso de sal da feijoada, adicione uma pitada de açúcar.

▶ Engrosse o caldo da feijoada acrescentando uma colher de sopa de maisena diluída em um copo de água morna.

▶ Para a feijoada ficar mais leve, quando já estiver pronta, acrescente um copo de caldo de laranja.

▶ Para tirar a gordura excessiva da feijoada, adicione, durante a fervura, um limão-galego, inteiro e com casca, cortado em cruz. Antes de servir a feijoada, retire-o.

▶ Faça uma feijoada rápida, sem deixar as carnes salgadas de molho, usando a metade fresca das carnes. Elas absorverão o sal, dando o ponto certo ao tempero.

Forno

▶ Para testar a temperatura do forno, coloque uma fatia de pão e deixe por cinco minutos. O forno estará fraco se o pão não dourar; regular se o pão dourar um pouco; quente se o pão tostar; e quente demais se o pão queimar.

▶ Outra maneira de verificar a temperatura do forno é colocar dentro uma folha de papel branco. O forno estará brando se o papel não mudar de cor; regular se o papel ficar amarelado; e quente se o papel escurecer rapidamente.

▶ Coloque sempre em forno preaquecido todos os alimentos a serem assados. Dessa maneira, o calor rápido do forno ajuda a impedir que saia o suco dos alimentos.

Frituras

Quem não gosta de uma fritura? Todo mundo gosta! Mas pouca gente sabe fazê-la direito.

▶   Para que a linguiça fique deliciosa, ferva-a antes em um pouco de água. Quando a água secar, deixe que ela frite na própria gordura, sem acrescentar óleo.

▶   Quando você for fazer qualquer fritura à milanesa, prepare e deixe na geladeira por dez a quinze minutos antes de fritar. Assim, o empanado de ovo e farinha de rosca não se desprenderá durante a fritura.

▶   Para fazer uma fritura na manteiga, acrescente uma colherzinha de óleo. Assim, a manteiga não queimará.

▶   Ao fazer frituras, coloque um pouco de sal no fundo da frigideira, para a gordura não espirrar.

▶   Para deixar o pastel mais crocante e macio, adicione à massa um cálice de cachaça.

▶   Não coloque muitos alimentos para fritar ao mesmo tempo, pois isso diminui a temperatura do óleo.

Parte III

Dicas para viver mais feliz

Nesta parte, reuni dicas simples que fazem uma grande diferença. São pequenas atitudes diárias que nos dão ânimo e força para enfrentar os desafios da vida. Ainda penso em reuni-las num livro só com essas dicas, mas, por enquanto, fica aí num gostinho de quero mais. Fiz questão de escrever coisas que funcionam para mim e para alguns amigos, mas você pode montar a sua lista com o que o faz feliz e colocar a mão na massa. Que tal?

Pense positivo

Eu nem preciso falar sobre a importância do pensamento positivo, não é? Pensar positivamente é mais do que querer que tudo dê certo. É encarar a vida com mais leveza. Pensar positivo inclui a fé. A fé que você tem em que as coisas vão encontrar um bom caminho, e que existe uma força poderosa guiando-o e protegendo-o. O pensamento positivo enche você de força e lhe dá uma espécie de armadura que reveste seu corpo de um brilho que as pessoas conseguem sentir. Você conhece pessoas positivas? Aquelas que estão sempre bem, embora o mundo delas esteja desabando (e muitas vezes você nem sonha que algo esteja acontecendo)? Pois é, elas não adoecem facilmente, porque não se deixam abater. Pense nisso!

Reclame menos, agradeça mais

Logo que acordo, tento manter a minha mente positiva. Em vez de desligar o despertador e sair correndo, por que você não experimenta agradecer por todas as coisas e pessoas boas que estão ao seu redor? Lembre-se do seu amor, da sua família, dos seus amigos, do seu trabalho, da sua saúde... Mesmo se houver problemas em algumas dessas áreas, agradeça. A gratidão abre as portas para que coisas boas possam acontecer. Você vai ver que o dia terá outro astral, muito melhor do que se você tivesse xingado por mais uns minutos de sono e reclamado do dia. Isso porque o mundo vai reagir às suas ações; então, se estiver com o humor ruim, tudo vai parecer bem pior. Acredite!

Respire fundo

Um motorista irresponsável quase bate no seu carro, o elevador demora pra chegar no seu andar, você se atrasa por conta de tantos sinais de trânsito fechados, a chuva parece querer estragar o seu dia, seus colegas de trabalho não se esforçam como você, seu chefe lhe passa cada vez mais tarefas e sua vida financeira não está nada boa? Muita calma nessa hora! Que tal respirar? Isso. Uma respiração profunda oxigena o cérebro e faz com que o organismo se reequilibre, antes de dar sinais de taquicardia, excitação, ansiedade. Os médicos que fazem tratamento para a síndrome do pânico, por exemplo, indicam a seus pacientes sempre respirarem fundo para que o oxigênio exerça sua função no organismo. Acredite: isso acalma e muito!

Escreva, planeje, se organize

Se nada disso adianta e você não consegue se livrar dos aborrecimentos que o preocupam, que tal escrever? Pegue um papel e uma caneta, ou sente-se ao computador e escreva. Liste o que está preocupando-o, anote no papel as contas pra pagar, os problemas que o afligem e leia tudo depois. Veja como eles parecem menores quando consegue identificá-los. Às vezes ficamos de mau humor porque estamos com algo nos perturbando e nem sabemos o que é. E o efeito cascata na nossa vida é aterrorizante. Acabamos descontando em pessoas que não têm nada a ver com a história, justamente porque estamos com raiva de alguma coisa ou de alguém. Mas, se paramos pra pensar, vemos que aquilo era muito pequeno para estragar todo o nosso dia. E, se não for tão pequeno assim, pelo menos encarando o problema de frente temos a sensação de controle, já que às vezes a falta de controle sobre tudo que está ocorrendo à nossa volta nos perturba sem mesmo sabermos o porquê. Acredite, ninguém pode controlar tudo!

Tire um tempo para você

Muitos dizem que é essencial ficar alguns minutos por dia sem fazer nada. Mas a maioria das pessoas simplesmente não consegue. Há sempre coisas para se fazer. Quando não estamos fazendo nada, um turbilhão de pensamentos nos invade a mente, além é claro do dedo da consciência dizendo: "Ei, levanta daí e vá limpar sua casa." Saiba que não é pecado algum descansar ou fazer algo que realmente seja prazeroso. Não fique pensando no que deixou de fazer. Por favor, se quiser viver melhor, não faça isso com você. Permita-se viver! Isso é uma regra que você deve aplicar em sua vida diariamente!

Mexa-se!

Atividade física. Quem gosta de fazer diz que é ótimo para a mente. Quem não gosta acha uma grande bobagem. E há aqueles que dizem não ter tempo pra nada. Mas todos precisam encontrar um tempinho, nem que seja meia hora, para se exercitar. Saiba que, para viver melhor, é essencial não ficar parado. Se não for possível fazer uma boa caminhada ou praticar um esporte, tente ao menos andar um quarteirão, subir escadas, enfim, fazer seu corpo se movimentar!

Leia um livro

Não há nada mais mágico que uma boa leitura. Se for um livro de autoajuda, ele pode abrir sua mente para pensamentos positivos. Se for uma história interessante, ela pode lhe trazer conhecimento, senso estético, cultura, prazer. Enfim, ao ler, você transforma a sua vida e revitaliza seus pensamentos.

Ouça música

Já ouviu falar em musicoterapia? Para viver melhor, ouça música no celular, no rádio, no DVD e dance. Se não for possível dançar, ao menos cante ou sorria com as sensações que a música lhe traz.

Aprenda a dizer "não"

Sua melhor amiga lhe pediu dinheiro emprestado e você pode ficar no vermelho se for ajudá-la? Relaxe. Às vezes, dizer "não" e ser sincera é melhor que emprestar sem a sinceridade do ato e ficar pensando naquilo o tempo todo depois. Para ser feliz, você deve ser sincero consigo mesmo. E ponto. Isso não é egoísmo. É amor-próprio.

Mas também diga "sim"

Já que falamos do não, que tal dizer "sim" também? Diga "sim" ao novo, às mudanças e a tudo aquilo que, às vezes, evita, com medo de sair da rotina. Você não está acostumado a receber pessoas em casa e seus amigos vivem insistindo em visitá-lo? Faça uma grande recepção, com tudo aquilo que têm direito, e permita-se divertir um pouco. Isso vale para quando é convidado para coisas que tem vontade, mas não tem coragem de fazer. Vá em frente. A vida é curta para perdermos tempo!

Mude!

Mudar é saudável e essencial para viver bem. Quem vive a mesma rotina todos os dias pode até se sentir seguro, mas não experimenta novidades que podem enriquecer a vida e deixá-la mais colorida. Mude o trajeto que você faz todo dia para o trabalho, mude os móveis de lugar, mude o penteado, mude a cor do esmalte. Mude qualquer coisa, por menor que seja. Mudar faz mais bem do que você imagina.

Sorria

Sorria sempre, mesmo nos momentos de dificuldade, insegurança, saia justa com o chefe, problemas em casa. Sorrir abre portas e faz com que as pessoas sejam mais solícitas com você. Quando comecei a viajar e conhecer outros países, por exemplo, mesmo não sabendo falar a língua local, conseguia as informações de que precisava. Isso porque chegava sorrindo e tentava me fazer entender... sempre deu certo. Então, sorria e seja feliz.

Referências consultadas

Arquivo pessoal Ana Maria Braga

Sites

www.globo.com/anamariabraga

www.globo.com/maisvoce

www.irenes.com.br

www.drashirleydecampos.com.br

www.blogdicas.com.br

www.idealdicas.com

www.webmotors.com.br

www.azeite.com.br

www.tutomania.com.br

www.carrosnaweb.com.br

www.calcadosmanuel.com.br

www.montebiju.com.br

www.kidicas.com

www.toplimpeza.com.br/dicas

www.poupargasolina.blogspot.com

www.finishinfo.com.br/comoComecar.php

www.ortopediaesaude.org.br

www.truquesdemulher.com

www.celulares.etc.br/dicas-e-truques

www.dicasdecozinha.com.br

Periódicos e mídia

Coluna Ana Maria Braga (jornais *Extra* e *Diário de S. Paulo*)

Programa Mais Você — TV Globo

Revista *Casa e Jardim*

Livros

BRAGA, Ana Maria. *Cozinha deliciosa*. São Paulo: Nova Cultural, 2006.

KATAYAMA, Lisa. *Urawaza*: Secret Everyday Tips and Tricks from Japan. São Francisco: Chronicle Books, 2008.

LUSH, Shannon. *Spotless*: Room-by-room Solutions to Domestic Disasters. Nova York: Ebury Press, 2008.

Editora responsável
Daniele Cajueiro

Produção editorial
Ana Carla Sousa
Ângelo Lessa

Copidesque
Shahira Mahmud

Revisão
Eni Valentim Torres

Projeto gráfico e diagramação
Ana Dobón

Foto de capa e da página 11
Max Moure (Casa 13)

Este livro foi composto em MinionPro
e impresso pela Ediouro Gráfica sobre papel
offset 63g/m² para a Agir em 2011.